「SNSの熱狂がビジネスの成果を生む」
ショート動画時代のマーケティング100の鉄則

動画大全

明石ガクト

SB Creative

この時代を生きる
すべてのビジネスパーソンに告ぐ。

ＡＩが当たり前のように人間とやりとりし、
世界中で「TikTok」に8・7億人が動画を投稿する今、
「**アテンション**」を抜きにして
マーケティングを語ることは不可能だ。

SNSが生む影響力の種――
「アテンション」を得るために、
誰もが明日からやれる
たったひとつの冴えたやりかた。
その答えこそが、「**動画**」なのだ。

「動画2・0」時代から5年。
時は満ちた。
何者でもなかった僕が、
何者かになった後に経験した時代のうねりを、
この本には、すべてぶちこんだ。

『**動画大全**』。
大全と冠するにふさわしい内容が、本書にはある。
SNSの持つ力学も、
ショート動画をゼロから作る設計図も、
そして君が「何者かになる」ための羅針盤まで——
この本に詰め込んだ約12万字のなかに置いてきた。

さあ、再生を始めよう。

Prologue

僕は誰だ?

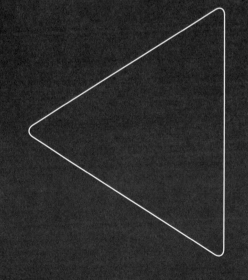

この本を手にとった君は何者だ？

何者かになりたい。
これほどまでに「誰かが何か」になりたい時代は、
かつて存在しなかっただろう。
これまで、長者番付やCM出演ランキングしか
指標がなかった「人気者」の度合いは、
今やフォロワー数という数字によって定量化され、
お金と同じようにある種の資産となっている。

あえて言おう。
フォロワーがいれば何でもできる。
これは、いわゆる芸能人やYouTuber、
インスタグラマーやTikTokerといった人たちに限定された話ではない。
すべてのビジネスパーソンに当てはまる新しい原則になりつつある。

君がもし学生ならば、
新卒採用で希望の会社に行ける可能性は飛躍的に高まるだろう。
営業の仕事をしているなら、クライアントのアポは格段に取りやすくなり、
業績は目に見えて上がるはずだ。
うまくいけばメディアからインタビューを受けたり、
本を出したり、テレビに出ることだってできる。

今や、若者の尊敬は「お金持ち」であることより、
「フォロワーがたくさんいる」ことにシフトしている。
いわばフォロワーを抱えることは、現金や持ち家と同じくらい、
人生における重要な資産になりつつあるのだ。
強い共感を持つファンを多く抱えることに成功した者は、
「インフルエンサー」と呼ばれている。
僕もまた「動画」という領域においてインフルエンサーとして扱われ、
そのメリットを存分に享受した人間だ。

インフルエンサーになる以前と以後との人生は、
まるで異世界転生してしまったかのような違いがある。

この本の前作にあたる『動画２・０』（幻冬舎、２０１８年）が出版され、
全国を講演して回った。
小学生の頃、テスト用紙の裏に書き殴った以来のサインを
自分のケツの右側に配置していく。
（あの本の表紙をめくると、裸でトマトを投げ合う僕の写真が掲載されていた）
北は宮城、南は鹿児島まで、動画の未来を説く旅は続いた。

そんな日々のなかで、仕事の報酬はそれまでよりも「桁違い」に引き上げられ、
あの中居《なかい》正広《まさひろ》氏の番組にもレギュラー出演が決まる。
絵に描いたようなサクセスストーリーだ。
そんな、いわば人生の頂点と言ってもいいタイミングで起きたコロナショック。
会社の業績は、予定していた売上が半分吹き飛ぶほどの大ダメージを食らった。

しかしそんな逆境ですらも、自身がインフルエンサーであることをフル活用して、V字回復を果たすことができた。（本当にインフルエンサーで良かった！）

インフルエンサーとは、『鬼滅の刃《やいば》』（吾峠呼世晴《ごとうげこよはる》、集英社、2016〜2020年）で言うところの「柱」みたいなものだ。

つまり、それぞれが自分の強みを活かし、〝SNS〟という名の戦場で、〝個性〟という武器を用いながら華麗なバトルをくり広げている。

検索エンジンからSNSへと流入のチャネルが変わった今、特定のテーマにおいて柱と見なされるようなSNSアカウントは、個人もブランドも多大な影響力を持つようになった。

例えば、実店舗に一切流通していない通販のみの商品が君の周りで突然話題になり始めたようなことはないだろうか。

いわゆるD2Cブランドというものは、
パワーを持ったSNSアカウントによって人々に知られ、購買へとつながっている。

そんなSNSの力学の秘密を解き明かす前に、時計の針を少しだけ戻そう。

あれは、2018年の夏のことだった。
「ロバート秋山《あきやま》の新作かと思ったらガチのクリエイターだった。すみません。」
そんなタイトルのネット記事が拡散していることを僕が知ったのは、
Facebookで大学時代の友人がメッセージを送ってきたときだ。
会社の資金調達時に撮影した記念写真が、まさかこんな形でバズるなんて。
スタイリストさんが持っていたダイソンのドライヤーを使って、
同席した社員が悪ふざけで僕の髪をなびかせたことで生まれた、人生初のアー写。
これが偶然にも、ロバート秋山氏の「クリエイターズ・ファイル」に出てきそうな
クリエイター像と完全に一致したことから、この祭りは始まった。

僕はこの機会を最大限に活かすことにした。

Twitterでは意識して「教祖」っぽいキャラを演じることにした。

時代の先を予言し、動画に興味のある人たちが確実にフォローしたくなるようなパンチラインを増産するために、1日12時間くらいかけてTwitterに向き合った。

そうした甲斐もありフォロワー数は1ヶ月ほどで1万を超え、NewsPicks《ニューズピックス》を始めとした多くのメディアから取材依頼が舞い込む。

そして、幻冬舎のカリスマ編集者・箕輪厚介《みのわこうすけ》氏との邂逅《かいこう》。
彼との対話を通して、拙書『動画2・0』が生まれることになる。
さらには「WEEKLY OCHIAI」で落合陽一《おちあいよういち》氏と共演、
日曜朝の「サンデージャポン」で壇蜜《だんみつ》氏と髪をなびかせる。
僕は動画の教祖と呼ばれるようになり、
トヨタ自動車やユニクロといったナショナルクライアントの仕事を獲得。
ブランドがYouTubeやTikTokに取り組むならワンメディア、という
第一想起を得ることができた。

この話を聞いて、
君は僕のことを「とんだペテン野郎」だとか「詐欺師」だとでも思ったか？
そう呼ぶのは勝手だが、この話には1つだけ大事な教訓が隠されている。
僕は自分にアテンションが集まる瞬間を、そのモメンタムを決して逃さなかった。
そのために、ありったけの時間と熱量をコンテンツづくりにつぎ込んでいたのだ。

昔の人が「宝くじにあたる」ような幸運は、
現代においてはSNSで注目される「アテンションが集まる」、
そういった瞬間なのかもしれない。
しかし、宝くじは
【購入した宝くじの量】×【運】=【当せん金額】
の掛け算でしか結果が出ない。
宝くじを買うためのお金は有限だし、運は自分の努力ではどうにもならない。
けれども、SNSでアテンションを得る試みは違う。

❶「試行回数」と「エンゲージメント」が「アテンション」を生み出す

アテンションは、

【試行回数】×【エンゲージメント】＝【アテンション】

の式で導かれる。

つまりそこには「再現性」があり、

どれもが自分自身の継続的な努力にかかっている。

持って生まれた運や、今使えるお金の量は関係ない。

義務教育並みに平等なゲームなのだ。

お金は使ってしまえばそこでお終いだが、

株式投資などを通して賢く資産運用すれば、増やすことができる。

アテンションも同じだ。

注目を満足に変える対価（コンテンツ）をきっちり用意することができれば、
アテンションはフォロワー数として資産に変わり、
その影響力を活用することで
自分自身のビジネスや人生を好転させることができる。

❷「影響力の種」をSNSで作り続ける

同じことを個人ではなく、ビジネスの単位でも捉えてみよう。
一過性の話題をきちんとリピート顧客に変えることができれば、売上は急拡大する。
Instagramでバズったパンケーキ店が行列のせいで常連客が離れ、
ブームが去った後に閉店するような事態は、マーケティング的に望ましくない。

では、どうしたら一瞬の注目に終わらず、
サステナブルに発展する状態に転換できるのだろうか？
それこそが真のインフルエンサー（まさに柱）になるための鍵なのだ。

個人も企業も持続的な影響力を持つことにより、
今よりずっといろいろなことがうまくいくようになる。
持続的な影響力とはつまり、広告費という罰金を払うことなく、
君のビジネスを広める武器を持つことだ。

何年も活躍する偉大なインフルエンサーにはもう1つの顔がある。
彼女／彼らは、クリエイターとして影響力の種を作り続けている。
現代におけるクリエイターとは、自らのプレゼンスを高めるために、
SNSに渦巻く人々のアテンションを集める人間だと僕は考える。

この本は、クリエイターになることを通して、
自らにアテンションを呼び込み、
その機会を最大化するための方法を解き明かすものである。

世界で「クリエイターエコノミー」と呼ばれているビッグウェーブには、

動画が大きく関わっている。
ブロガーの時代とYouTuberの時代を分けるのは、
そこに〝動画〟があったかどうかだ。
〝文章〟の時代には、小学生がなりたい職業に
インターネット系の仕事がランクインすることなんてなかった。
YouTuber・ストリーマー・TikToker……。
かつて、「動画2・0」の時代に開いた新しい扉の向こうには、
クリエイターの黄金時代が待っていた。

これを他人事《ひとごと》だと考えてはいけない。
人々のアテンションは今や、テレビや新聞といったレガシーなメディアから、
スマートフォンの画面にシフトしている。
君が朝起きて最初に、あるいは夜寝る前の最後にチェックするのは、
SNSのタイムラインのはずだ。
マーケターはもちろん、すべてのビジネスパーソンとブランドは、

これからクリエイター化していかなければならない。
金を払えばリーチは買えるが、アテンションを手に入れることはできない。
そして、そのアテンションを動画によって手に入れた者たちが
今や、この世のなかの主役になっているのだ。

ヴィジュアルコンテンツがもたらした、新しい時代の羅針盤を君に届けよう。
「映像」と「動画」の、違いのその先へ。
「動画」が支配する新世界への出航だ。

大丈夫。
君が船出さえすれば、
クリエイターエコノミーという大波が船を前へと進めてくれる。
何を始めるにも、今日が一番人生で若いタイミングなのだから。

さあ、もう一度、再生を始めよう。

Chapter 3

ショート動画を活用し、ヴィジュアルで語ることの3つの優位性

Chapter 4

一億総クリエイター時代の「熱狂マーケティング」の仕掛け方

Chapter 5

今を生き抜き、未来で勝ち抜く、武器としての「動画」

Opening

動画をやり抜け、勝ちたいならば

『動画2・0』出版時の2018年から、世界は様変わりした。

本の帯にあった「さあ、世界を激変させる動画ビジネスの大波に乗れ!」という鼻息荒い煽《あお》り文句は、時間という洗礼を経てマジな予言へと変わってしまった。

文字通り、動画で世界は変わったのだ。

動画をやり抜いて、まったく無名だった個人や企業が有名になり、ブランド化・メディア化し、既得権益を倒して勝利する。そんなシーンをこの5年間、何度も繰り返し見てきた。

YouTubeの活用は、その代表的な事例だ。今やYouTuberが、かつての芸能人よりも影響力を持つようになり、YouTubeをマーケティングに活用していない企業の方が珍しくなりつつある。

なぜ、世のなかはこうも変わったのか?

その秘密は、動画を通して得られる「アテンション」にある。

会社の偉いオジサンたちがドヤ顔で言う「経営資源の三大要素はヒト・モノ・カネ」というフレーズ。かつてはここに「情報」が足された時期も一瞬あったが、まったく流行らずに終わった。

ヒト・モノ・カネはどんなビジネスでも絶対に関わる要素だが、「情報って町の青果店にも関係あるの？」という疑問が浮かぶ。

ここで、テスラモーターズから青果店に至るまで関係せざるを得ない、情報よりも大切なものがアテンションという概念なのだ。

経営資源の新・四大要素は、この4つだ。

①ヒト
②モノ
③カネ
④アテンション

これは日本のみならず、確実に世界の潮流となりつつある。

アテンションはSNSによって生まれた。

君が日々、「いいね！」やフォロー、コメントしたり、あるいはもっと手軽に、スクロール・スワイプしているその指を止めて何かに注目している瞬間に、それは生まれている。

「インスタ映え」「TikTok売れ」という言葉は、アテンションがもたらす原因と結果を表すものだ。

アテンションが支配するSNSの世界では、いわゆる従来のコミュニケーションでもっとも大事だった指標であるリーチ――つまり、君が発信した情報がどれだけ多くの人に到達したか？　が意味をなさなくなってきている。

だって君は、自分の指が高速でスクロール・スワイプしている最中に、過ぎ去っていった広告のことを覚えているだろうか？

【令和3年度】主なメディアの平均利用時間

▶▶▶ 今や40代以下では、テレビよりもネットの利用時間が長くなっている。

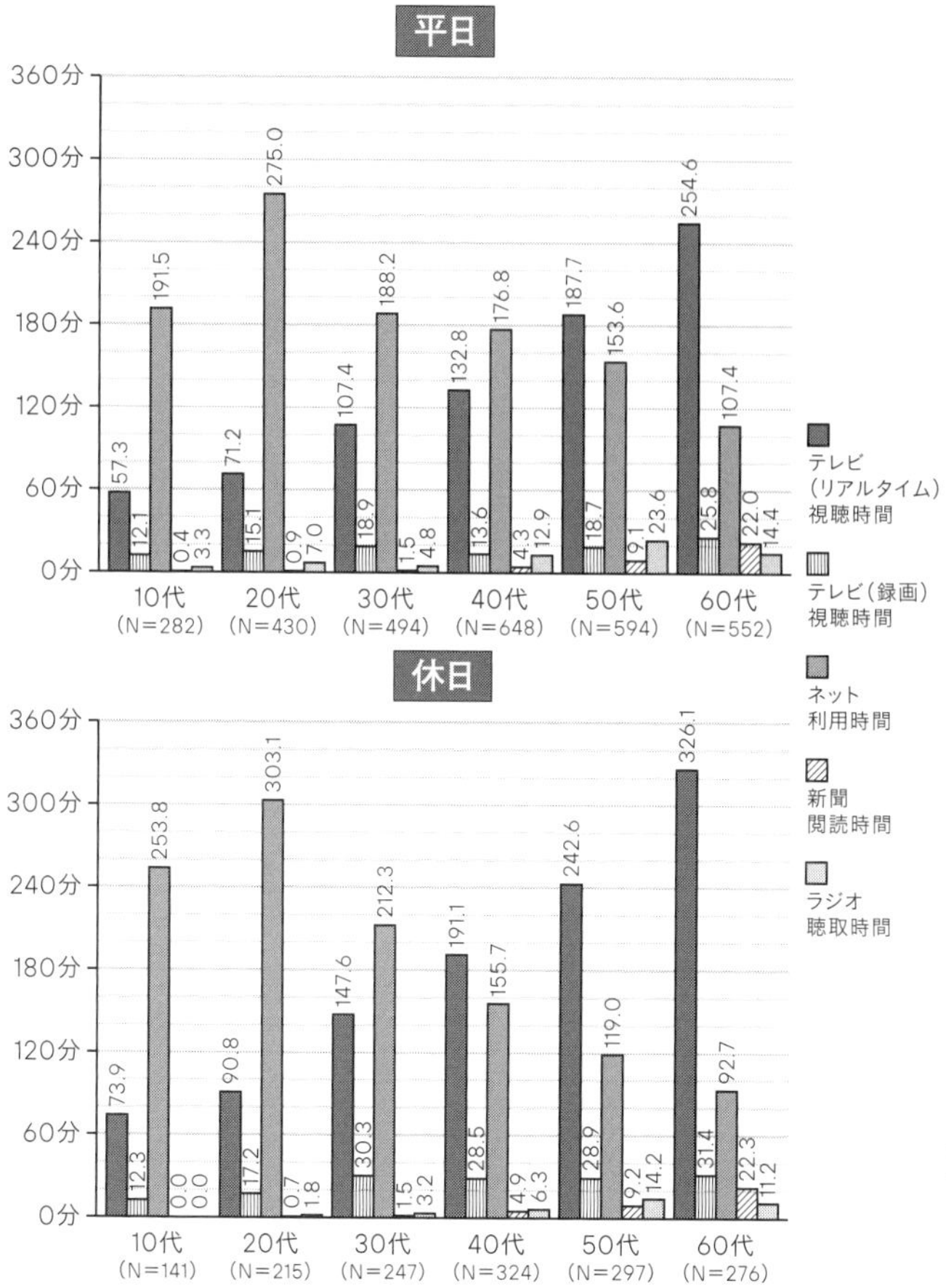

出典：総務省情報通信政策研究所「令和３年度 情報通信メディアの利用時間と情報行動に関する調査」をもとにSBクリエイティブ株式会社が作成

【令和3年度】ソーシャルネットワークサービスの利用状況

▶▶▶ ユーザーのネット利用時間を爆発的に押し上げているのは
SNSだと言える。

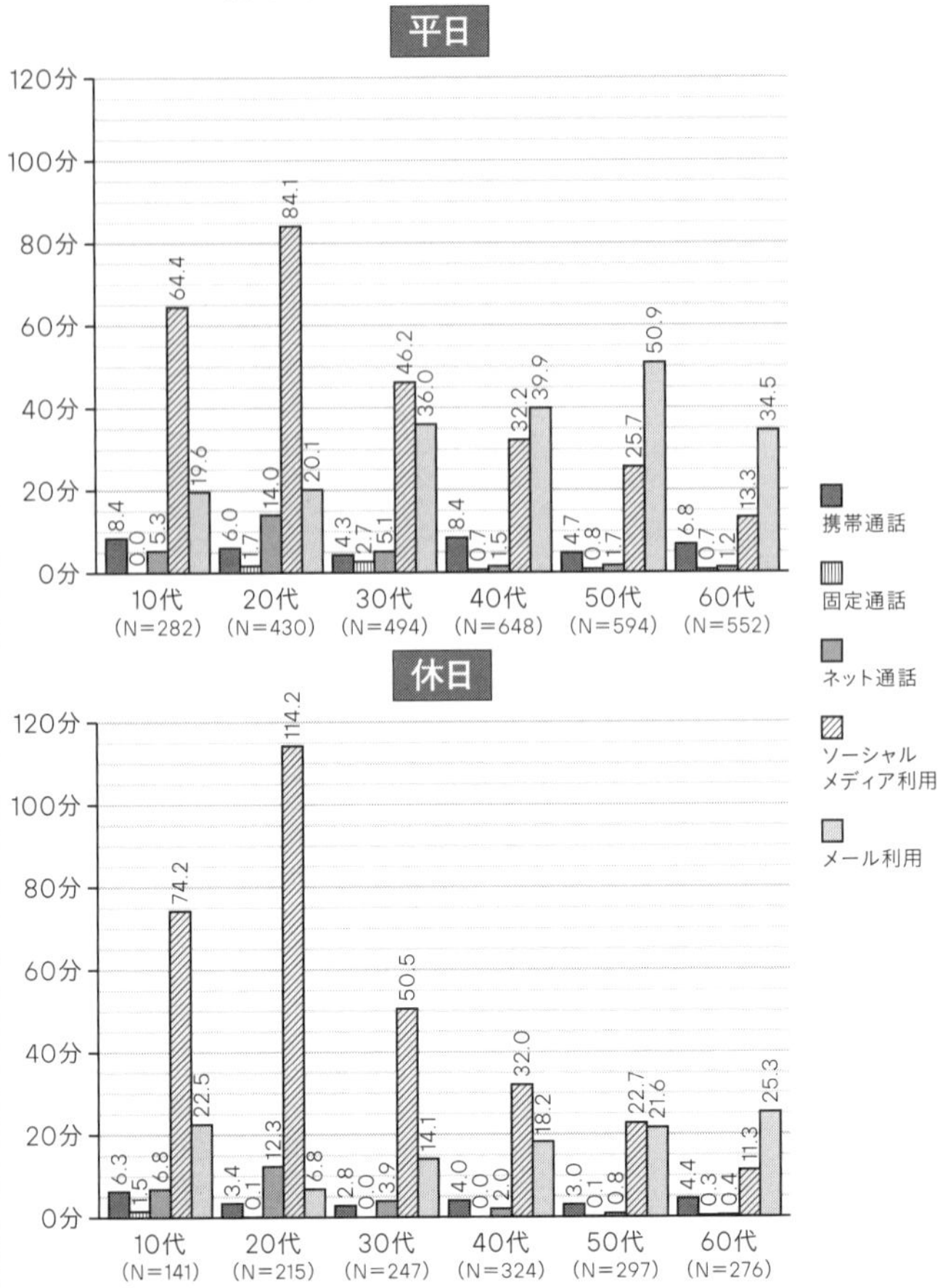

出典：総務省情報通信政策研究所「令和３年度 情報通信メディアの利用時間と情報行動に関する調査」をもとにSBクリエイティブ株式会社が作成

例えば、50代以上が見ているメディア（テレビ・新聞・ラジオ）で誰かに何かを伝えようと思ったら、広告枠を買えばいい。

こういったメディアの広告は、すべて「リーチ」を軸に価格が設定されている。テレビであれば「GRP（Gross Rating Point：延べ視聴率。以下、GRP）」、新聞であれば「発行部数」によって広告費が変動する。

GRPも発行部数も、それらはリーチという概念によって広告費へと転換される。つまり広告を出稿するということは、リーチをお金で買うということに等しい。

しかしアテンションというものは厄介で、お金でそのまま買うことができない。君が突然、「100円あげるから僕に注目してくれ！」と言われたら、どう思うだろうか。無視するか、100円もらって注目してるフリをするかの2択だろう。

本当に誰かの注目を得たいなら、同じ100円で面白いことをする方が正しい。[10]

年前にYouTuberが、冷蔵庫にあったコーラにメントスをぶちこんで動画を作ったように。

こうしたアテンションという新しい資源をもっともうまく活用しているのが、ジェネレーションZ——日本においてはZ世代と言われる、1990年代後半から2012年頃に生まれた世代だ。アメリカでは19歳にして、TikTokで5億円を稼ぐスターが現れている（2020年8月時点）。

インターネット普及以前の、リーチを得ること自体に希少価値のあった時代は、テレビCMや新聞広告を出稿することそのもののハードルが、金銭的な事情以外でも高かった。加えて、「お金で買えるリーチ」を買える人がそもそも少なかったため、リーチの効果はあった。

しかしネット広告という、誰もが数百円からリーチを買える時代になると、このリーチというものが（同時にお金というものが）、どんどんコモディティ化していく。コモディティ

アテンションが優位性を獲得した流れ

1　リーチを買える権利を持つ少数の企業が登場

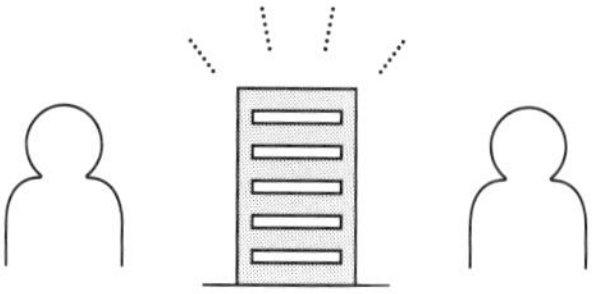

2　誰もがリーチを買えるようになり、
よりたくさんのリーチを買える企業が有利に

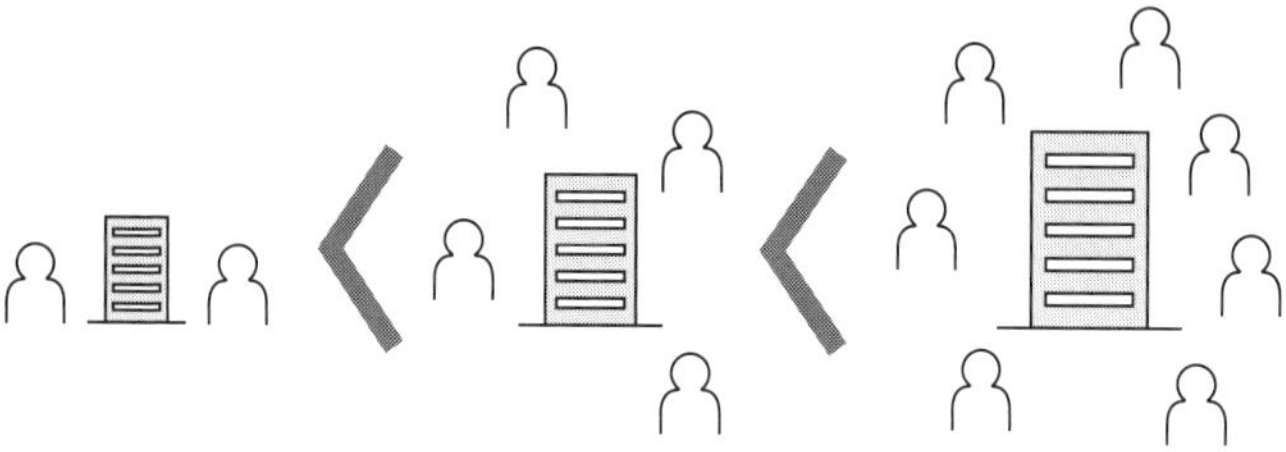

3　リーチよりも希少性がある
アテンションを作れる個人や企業が優位性を獲得

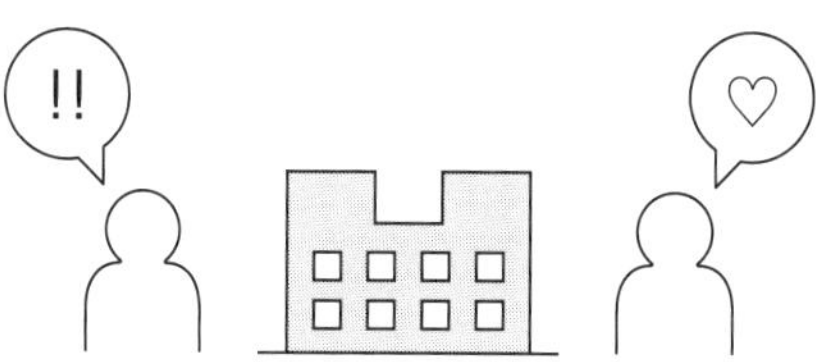

▶▶▶ このような流れで、アテンションがリーチを凌駕《りょうが》していった。

ティ化したゲームのルールでは、より多くの資源を持つ者が勝つ。

そんな退屈なゲームをひっくり返したのが、アテンションなのだ。

誰もがリーチの洪水に慣れきっていて、僕らの感覚は自動的にそれを遮断してしまう。幼い頃から、スマホやSNSを使いこなしているZ世代は、その傾向がより顕著になっている。

心からの興味をかき立てるアテンション、それを引き出すことができれば、ヒト・モノ・カネの資源を持たないちっぽけな個人でも、一発逆転が可能になる。

大企業がリーチを得るため、広告費という罰金を払い続けることを尻目に、僕らはアテンションを駆使してゲリラ戦を挑もう。

これは魔法なんかじゃない。

個人でもちっぽけな会社でも、誰でも使える再現性のある技術だ。つまり簡単にいえば、ビジネスパーソンの生存戦略や企業の成長戦略は、アテンションとSNS、そ

これからの時代の生存・成長戦略

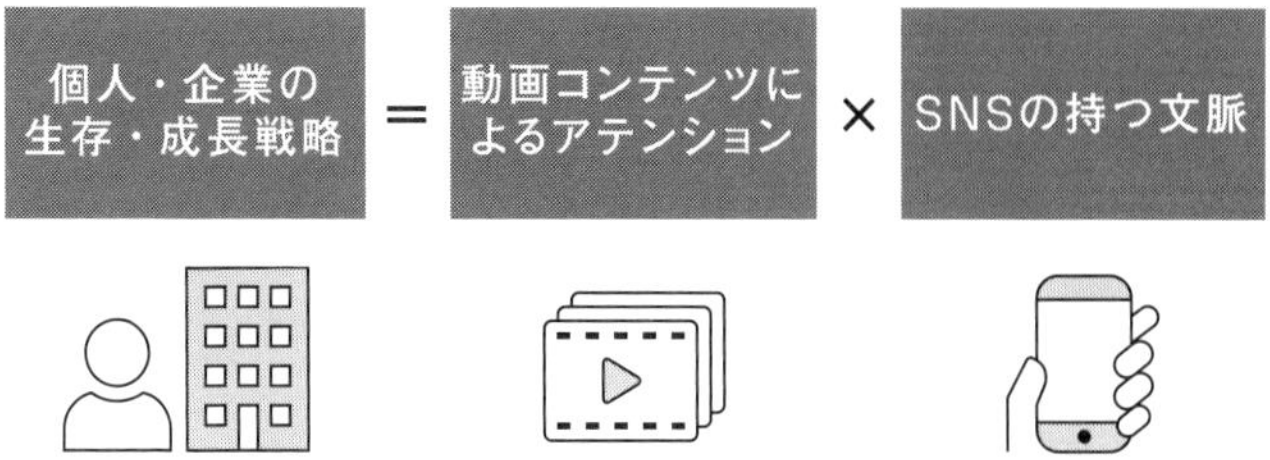

れぞれの力の掛け合わせによって最大化できる。

では、そのアテンションを生み出す種となるコンテンツとは何か？

それこそがこの本のテーマであり、SNSによって生まれた新たなコミュニケーションツール――「動画」なのである。

動画をやり抜け、勝ちたいならば。

本書は、動画を信じ、動画に愛された男のちょっと数奇な人生をスパイスに、今日から使える実践的なノウハウと、君の未来への航路を示すマジな超大作だ。

これから10年。

マスメディアはもはやマスのままではいられないし、リーチというものはますます意味をなくしていく。アテンションを得た個人と企業がメディア化し、そのパワーを使って稼ぎ、成長する時代なのだ。

それをやり抜くための唯一無二の技術、「動画」に向き合いたいならば、この本を買え。

再生ボタンはすぐそこにある。

Chapter 1

ビジネスの大転換期、動画に起きた10の変化

コンテンツの発信者が
経済を牽引《けんいん》していく
クリエイターエコノミー時代

▶

❸「自分株式会社」で、自らハブとなり経済圏を回していく

クリエイターエコノミーとは、動画クリエイターのように自分の創造性や才能、情熱を活かしてコンテンツ・商品・サービスを創り出す人々が、インターネットを活用して自らの経済圏を拡大していくメガトレンドのことだ。

2022年8月26日に発表されたAdobe《アドビ》(※)のレポート「Future of Creativity」によると、クリエイターエコノミーの規模は過去2年間で1億6500万人以上増加し、すでに全世界で3億3000万人のクリエイターが活躍しているという。

僕が経営するワンメディアの社内では、クリエイターエコノミーを「クリエイターのエンタープライゼーション(事業化)」、つまりクリエイターがCEO(Chief Executive Officer:最高経営責任者)になることだと捉えている。

※ Adobe――サブスクリプション型のクリエイティブ環境「Creative Cloud《クリエイティブクラウド》」などを提供する、アメリカのソフトウェア企業。

本来、クリエイターとは創造者を指す言葉で、自分の才能・スキルから何かを生み出す人、といったピュアなイメージがある。そこに「エコノミー」という、堅くて〝お金のニオイ〟のする単語がくっついて生まれたのが、「クリエイターエコノミー」という言葉である。

つまりクリエイター自身が、誰かに使われるのではなく、自分自身で経済活動を行い、経済圏を作っていく。クリエイターが、今の社会における「会社」に匹敵するパワーを持ち、「自分株式会社」として経済を牽引していくということなのだ。

クリエイターエコノミーにおいては、あらゆるモノ・コト・ヒトがコンテンツ化する。

さらにクリエイターエコノミーは、2010年代後半から耳にすることが増えてきた「Web3（ブロックチェーン技術を活用した分散型ウェブ）」や、「DAO（Decentralized Autonomous Organization：分散型自律組織。以下、DAO）」と非常に相性が良い。

世界初の株式会社である、17世紀初頭の東インド会社の設立以来、世界の経済活動を支える基本的なオペレーティングシステムは「株式会社」だったわけだが、Web3はそれに代わるOSになるかもしれないと言われている。中央集権的な「株式会社」よりも、自分たちでサービスを運用し、つながる場を作る「DAO」のような新しい組織・集合体の方が、クリエイターの活動に適していることは明白だ。

「動画2.0」から「動画3.0」へのシフトチェンジ

動画2.0		動画3.0
バズ		エンゲージメント
スタジオ撮影		自宅撮影
制作会社		個人クリエイター
ブランディング		SP（セールスプロモーション）
広告	→	コンテンツ
ナラティブ		インタラクティブ
消費的		生産的
中央集権型		分散型
オーソリティー		フレンドリー
クオリティー		クオンティティー

▶▶▶ 分業制から、SPAモデルへの変化が見て取れる。

バズとエンゲージメントの違い

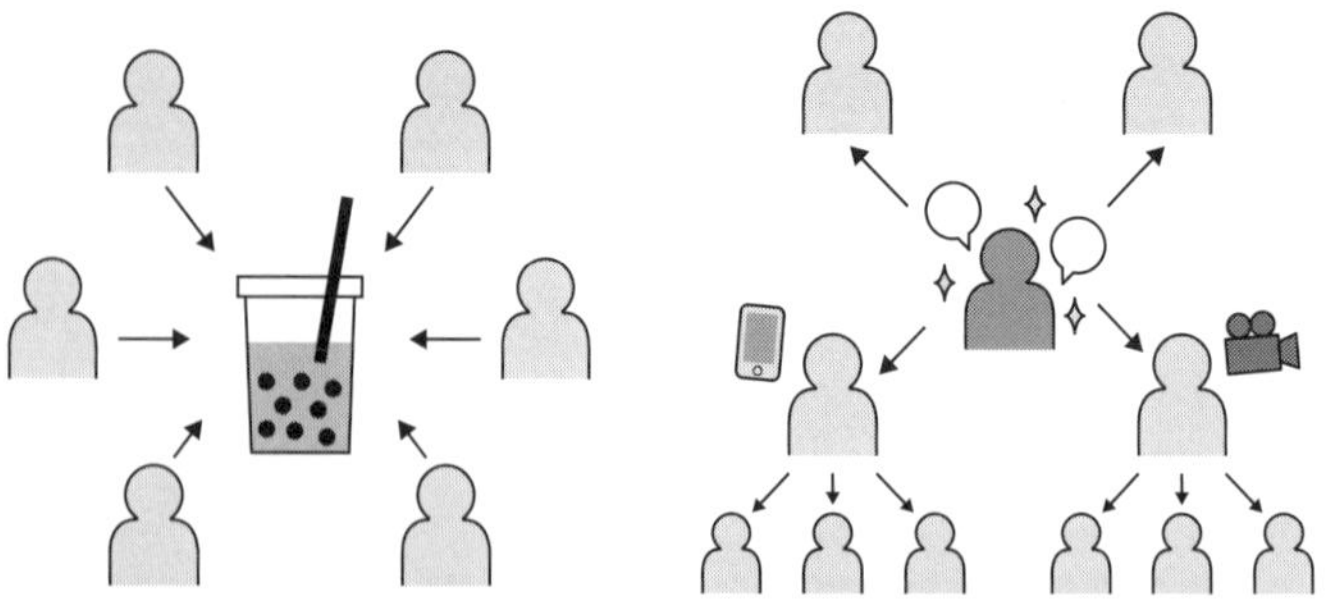

バズ：1対Nの関係性

・同時発生的な情報の受信
・一極集中型
・加速度的に盛り上がる
・一時的なブームで終わる

エンゲージメント：N対Nの関係性

・情報の受発信タイミングはそれぞれ異なる
・情報やコンテンツが枝分かれしていく
・盛り上がりが長続きしやすい

今のTikTokerの多くは、もともとYouTubeを見て育った世代だ。「ああいう人になりたい」とYouTuberに憧れ、自分で動画をアップし始めてクリエイターになっていく。その根底にあるのは、バズの先にある「エンゲージメントという深いつながり」ではないだろうか。

長期的な視点で見て強いのは、バズを生むクリエイターよりも、エンゲージメントを持っているクリエイターであり、彼女／彼らのフォロワーのなかから、新たな人気者や「TikTok売れ」の文脈が育っていくのである。

これを少し違う角度から考えてみよう。

YouTubeやInstagramと比較すると、TikTokのような新しいプラットフォームは「フォロー」のパワーが弱い。ユーザーはクリエイターをフォローして新作を欠かさず見るというよりは、後述するレコメンドエンジンによって「おすすめ」フィードに出てくる動画コンテンツを、受動的に見るような使い方をしている。

では、「おすすめ」が何によって決まるのかというと、これにはいくつかの変数がある。なかでも非常に重要な指標になってくるのが、**「エンゲージメントレート（投稿に反応したユーザーの割合）」**である。

フォロワーが多いクリエイターの動画再生回数や「いいね」の数が多くなるのは、ある意味で力学的に当然のことだ。TikTokが急速に成長しているのは、そのユーザーが見たら絶対面白いであろう動画が、適切なレコメンドで提示され、「初めて見たけど、これ面白い！」という感動体験があるからだろう。そして、こうしたAIによるレコメンドの仕組みの根幹を支えているのが、前述した「エンゲージメントレート」なのである。

まだ100人にしか見られていない動画でも、100人中98人が高く評価しているなら、その動画は視聴者が1万人になっても、10万人になっても、同じように評価される可能性が高くなる。だからこそTikTokでは、フォロワーがまったくいない新しいアカウントでも、動画が爆発的に再生され、クリエイターが一気に有名になれるチャンスがあるのだ。

Prologueに、アテンションを勝ち得ていくための公式として、

【試行回数】×【エンゲージメント】＝【アテンション】

という考え方を紹介したことを覚えているだろうか。

エンゲージメントするものを何度も世に送り出すことができれば、それは必ず君へのアテンションへと変わり、フォロワーを増やすことにつながっていく。フォローのパワーが弱いショート動画の世界では、試行回数を増やしてエンゲージメントを獲得することが、ファンコミュニティを作ることにつながっていくのだ。

「きみが次に好きなもの。」というキャッチフレーズが表す通り、タイムラインで表示するコンテンツの裏側に、こうした「エンゲージメントレート」の仕組みを持ち込んだのが、TikTokの偉大なところであると言える。

❺変化2．スタジオ撮影から自宅撮影へ

コロナ以前、僕たちワンメディアは東京・中目黒に大掛かりなスタジオを作り、そこに出演者に来てもらって、高価な機材で撮影するという仕事のやり方をしていた。昔ながら

の〝制作会社〟的な方法だ。

けれども、それがコロナで一切できなくなってしまった。撮影という作業は、まさに〝3密〟。密室に大人数が集まり、かつ近い距離で行うものだ。「撮影ができない」「案件自体がキャンセルになる」といった事業の根幹を揺るがす危機に直面し、僕自身も歩みを止めかけた。

しかしそんな状況下でも、ずっとクリエイティブであることを、動画を作ることをやめなかった人たちがいた。それが YouTube や TikTok のクリエイターだ。

コロナショックまで、僕は動画の世界で強いのは職人だと思っていた。プロフェッショナルな職人の世界、ハイクオリティーな動画の価値を信じていた。ただしそれらは、「不要不急」や「自粛」という言葉の前ではあまりに無力だった。

そんなときでも YouTuber や TikToker は、僕らの混乱をよそに動画を世に出し続け、きちんとユーザーを楽しませ、コロナ禍の閉塞感を癒やす助けになっていた。彼女／彼らこそが、現代の「本物のクリエイター」なのではないか。そんなクリエイターたちと一緒に仕事をしたいと思った瞬間が、ワンメディア復活の第一歩になった。

とはいえ、いきなりクリエイターの自宅で撮影してもらって、ディレクションも全部お任せというわけにもいかない。

そこで、プロ仕様の機材をクリエイターに貸し出して、ワンメディアのスタッフがリモートでコントロールしたらどうかと考えた。Zoomでディレクションしながら、遠隔操作で一眼レフを動かす……今思うと馬鹿なことをしていたものだ。

要はそうした状況下でも、何とかクオリティーを担保しようとしたわけだが、時間とコストがものすごくかかったわりに、完成した動画の再生回数はイマイチだった。クリエイターがスマホのインカメで自撮りした動画の方が、コンテンツのメッセージやクリエイター本来の持ち味がイキイキと感じられたのだ。

結局、エモーションが伝わってきたのは、機材や環境が充実したスタジオで撮影した動画ではなく、クリエイターの自宅で撮られた動画だった。「動画2・0」の時代に、散々「これまでの映像の常識を捨てろ」と煽ってきた僕自身が、「スタジオ撮影∨自宅撮影」という映像業界の常識に囚《とら》われていたことがよくわかった。

❻変化3．制作会社から個人クリエイターへ

コロナ以前に動画制作会社として立ち上げたワンメディアは、いわゆるインフルエンサーのなかでも、「Twitter や Instagram などで多数のフォロワーがいるが、自分では動画を作らない人」をキャスティングして、クオリティーの高い動画とSNSにおける拡散力を両立することで評価されていた。

しかしスタジオ撮影ができず、自宅撮影をするしかない（しかも、その方が数字も良い）のなら、キャスティングすべきは自分で動画を撮影できる個人、つまりは YouTube や TikTok のクリエイターだ。

単なるインフルエンサーではなく、クリエイターであり、インフルエンサーでもある彼女／彼らの特徴は、**「自分自身ですべてを完結できる」**こと。

クリエイティブが世のなかに生まれて人々に届けられるまでには、「調達→加工→流通」という3つのフェーズがある。

映像あるいは動画の場合、「調達」は撮影やネタ（企画）の部分で、「加工」は動画の編集作

クリエイティブを取り巻く3つのフェーズ

1 調達 撮影の骨組みを形成する「企画内容」や「撮影手法」など

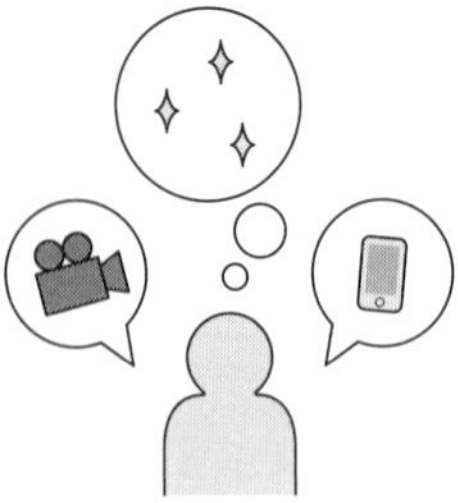

▼▼▼

2 加工 動画の「編集」作業

▼▼▼

3 流通 そのコンテンツをどの「チャネルに出す」か

業。最後の「流通（ディストリビューション）」は、コンテンツがどんな場所に出るかという部分。テレビであれば電波によって流通し、YouTubeであれば何かしらのチャンネル、TikTokなら誰かのアカウントにアップされて流通することになる。

振り返ると「動画2・0」の時代には、「加工」の部分について取材されることがとても多かった。例えば、「こんな感じでタイポグラフィー（テロップ）をアニメーションさせると映える」とか、「スマホに合わせた縦型動画のフレームを活かしたものであることが大事だ」とか。みんなが「加工」の話を聞きたがるのは、そこに動画の真髄やコツ、差別化要因があると思っているからだろう。

しかし実際のところ、そこに本質はない。大事なのは「調達」と「流通」であり、この点において個人クリエイターは強いのだ。

制作会社というものは、結局どこまでいっても「加工」を担う集団である。個人クリエイターは「加工」も自分でやるけれど、その「加工」が「調達」と「流通」に根差したものになっている。

まず、「調達」から考えてみよう。

個人クリエイターは自分自身と、自分がやるべき企画の両方が、一番引き立つ撮り方や演出を知っている。なぜなら画面に映る被写体は自分だし、スタジオは自分の家だから。「これはこうして、こう撮ろう」と考えるスピードや素材の引き立て方が、現場から遠く離れた会議室であれこれ相談している大人たちよりも、圧倒的に勝っている。つまり「調達」の時点で、まず差別化されるわけだ。


次に、「流通」について。

動画の場合、作ったコンテンツはどこかで見せなくてはならない。現在、その主戦場はテレビではなく、スマートフォンの画面になっている。さらに言うと、そのプラットフォームがYouTubeなのか、TikTokなのかで力学はまったく変わってくる。

TikTokであれば、縦方向に指でどんどんスワイプされていくなかで、思わず指を止めたくなるインパクトがないと、そもそも見てもらえない。

YouTubeであれば、目当ての動画を見終わった後に提示される関連動画や、レコメンド欄のサムネイルで、視聴者の心をグッと惹《ひ》きつける必要がある。

要は、「流通」させる上で、ユーザーに見てもらうための重要なポイントがプラットフォームごとに異なっているのだ。

最後に、「加工」。

前述した「調達」と「流通」に関して、毎日、そして何年にもわたってPDCAを回し続けてきたのは、クライアントや制作会社ではなく、個人のクリエイターだ。その勘所を押さえている彼女/彼らだからこそ、最後の「流通」にもっとも効く「加工」ができる。

だから、「こうしたらカッコいい動画が作れます」というような表面的なHow toは、僕は無意味だと思っている。「加工」のすべては「調達」と「流通」によって決まるべきであり、これを一気通貫で、ワンストップで行っているのがクリエイターなのである。

この強さは、Appleやユニクロなど、企画・製造・小売まで一貫して行うSPA（Speciality store retailer of Private label Apparel：製造小売業。以下、SPA）モデルのブランドに通じるところがある。Appleやユニクロは自社工場を持たないが、クリエイターも同じように人気が出て多忙になると、「加工」の部分を外注するようになる。

「調達→加工→流通」という流れのうち、「調達」と「流通」にはクリエイター自身の力が必要だが、「加工」は自分らしいスタイルさえ確立すれば、外部にパスすることができるからだ。

この1点をとっても、「加工」が動画の本質的な価値や、競争優位を生むわけではないことがわかるだろう。僕が思うに「動画３・０」時代は、クリエイティブのＳＰＡ化に向けた過渡期なのである。

❼変化４．ブランディングからセールスプロモーションへ

これは「動画２・０」の時代から言われていたことだが、いわゆる動画で利益を出そうと思ったときに、本当にモノは売れるのか――そのメジャーメント（測定）は非常に難しかった。

僕もかつて営業の際には、「動画の価値はモノを売るところではなく、ブランディングにある」と語っていた。「ＣＭでモノは売れるのか」「いや、ＣＭはブランディングなんです」といった会話が交わされていた映像の時代の言い訳を、僕自身がずっと引きずっていたわけだ。

コンバージョン（成果、購入など）につながらなくても、企業のイメージアップにつながればいい。「そもそもコンバージョンなんて、いつ測るんですか？」とも言っていた。

例えば、カッコいいスニーカーの動画を見たとして、その場ですぐに買う人がどれほどいるだろうか。週末にスニーカーショップに行って、そこで買うということもあるだろう。

こうしたケースでは、動画でコンバージョンを測ることができない。

ところが2021年11月、画期的な出来事があった。

経済誌『日経TRENDY』（日経BP）の「2021年ヒット商品ベスト30」の1位に、「TikTok売れ」が選ばれたのだ。これまで「インスタ映え」という言葉はあったが、「インスタ売れ」という言葉も、ましてや「YouTube売れ」という言葉すらもなかったことを考えると、この言葉の重要性がよくわかる。

ここへきて、初めてSNSに「売れ」という言葉を紐づけるキーワードが出てきたのは、実際に「棚が動いた」からだ。いくつか事例を紹介しよう。

・事例(1)：小説

1989年に筒井康隆《つついやすたか》氏が発表し、1995年に中央公論新社から文庫本が出版された小説『残像に口紅を』は、TikToker の「けんご（@けんご 小説紹介）」氏の紹介がきっかけとなり、4ヶ月で11万5000部が増刷された。

・事例(2)：車

東北のBMWのディーラーの女性がTikTokを始めたところ大人気となり、BMWの

マーケティングメソッドの対比

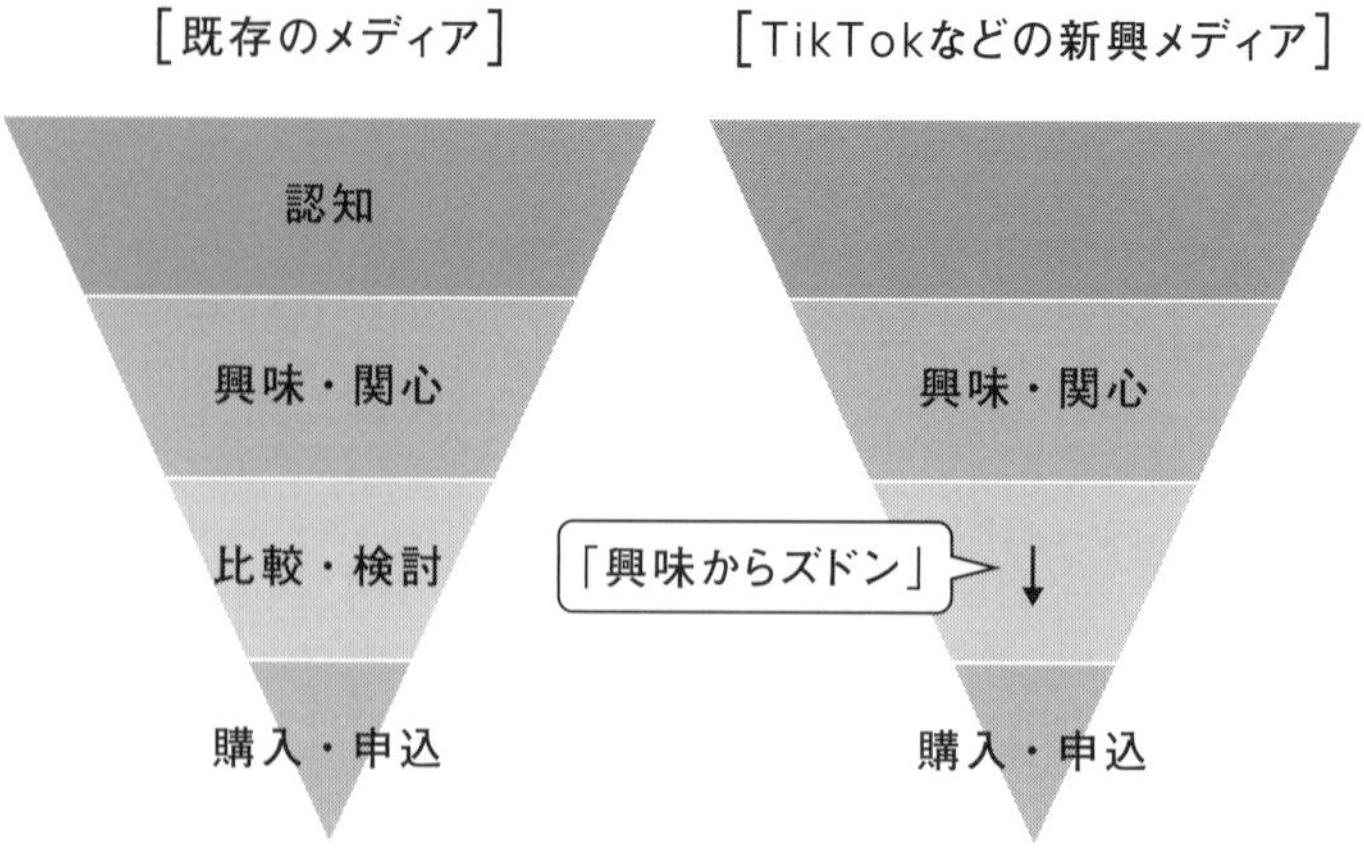

出典：「TikTokユーザー白書」第3弾（2020年）をもとにSBクリエイティブ株式会社が作成

本部も認めるほど売上に貢献した。

・事例(3)：コスメ

カネボウ化粧品「KATE《ケイト》」の「リップモンスター」は、企画段階からSNSでのバズを狙い、「TikTok売れ」の恩恵を受けて一躍ヒットとなった。

ユーザーがコンテンツに接触してすぐに購入に至る「TikTok売れ」の現象を、TikTokは**「興味からズドン」**という見事なワーディングで表現している。

これまでのマーケティングのメソッドとしては、まず認知、興味関心、好意のファネルがあり、やっと購入（コンバージョン）に至るのが定石で、それらのファネルを順番にクリアしていかなければならなかった。

ファネルごとに効く企画があり、トップオブファネル（認知や興味関心など、購買プロセスの最初期ステージ）ではテレビCMや、かつての動画広告が効くと言われた。

商品に興味関心を持ったユーザーがネットで検索すると、検索連動型広告やリターゲティング広告で追いかけていくことができる。そこから購入へとつなげることが、デジタルマーケティングの一般的な流れだった。

ところが、EUで2018年5月に施行されたGDPR（General Data Protection Regulation：一般データ保護規則）の項目で、Cookie（個人情報）の利用に同意を求める要件が厳格化したことにより、この流れが大きく変わった。Cookieに根ざした従来のデジタルマーケティングが、ほぼ壊滅状態になっていったのだ。

そこにもう1つ、ユーザー全体がいわゆる「検索」を信頼しなくなってきた、という大きな流れがある。かつてインフルエンサーのGENKING《ゲンキング》氏は、「Google検索とかGoogleは使わない、操作されているから」といったことを語ったが、今の若年層は「どのプラットフォームで何を検索するか」を、かなり細かく使い分けている。

SNSの発展によって変化した情報の広がり方

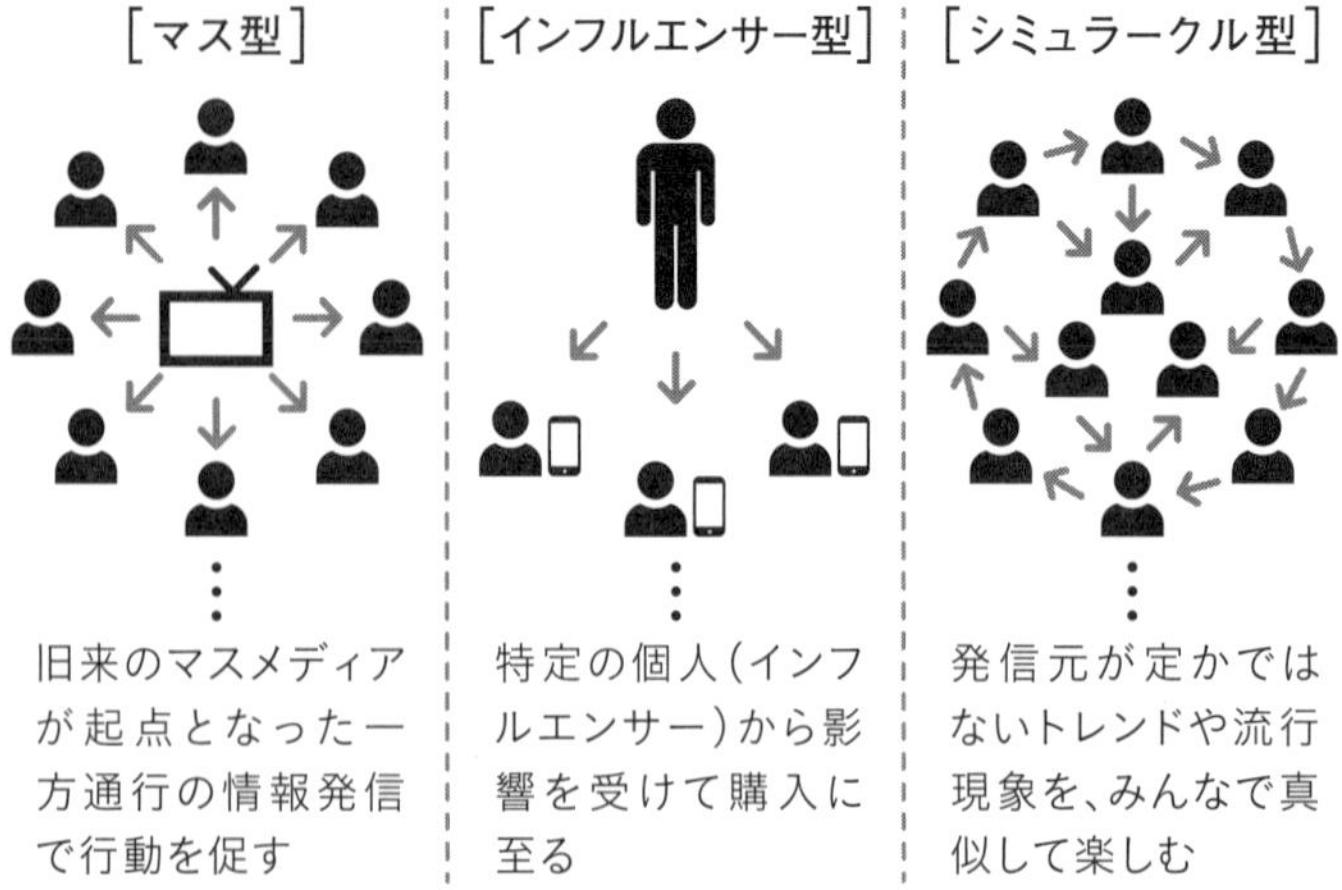

出典：電通報「SNSがもたらした情報の広がり方をモデル化する」(天野彬、2020年5月25日公開)をもとにSBクリエイティブ株式会社が作成

モテクリエイターとして活躍するインフルエンサー・実業家のゆうこす（菅本《すがもと》裕子《ゆうこ》）氏も、最近驚いたエピソードとして、人々の検索手法を挙げていた。友人と新大久保に遊びに行き、ランチをする場所をGoogleマップや食べログで検索しようとしたら、若い友人はまず「TikTokのアプリを開き、ハッシュタグを使ってお店を探し始めたのだという。それを見て「私もTikTokをやらなければ」と、強い危機感を覚えたそうだ。

今後クッキーレスが当たり前になるだけでなく、ユーザーが以前のように「検索」をしなくなっていくのだとしたら、誰もが動画視聴から直接購買につなげたいと考えるだろう。しかし、それを最初に成し遂げたのは、YouTubeでもInstagramでもなく、TikTokだったのだ。

では、なぜTikTokだけが、これほどセールスプロモーションに威力を発揮し、「TikTok売れ」という言葉を作るに至ったのか？

それはTikTokで話題になると、単なるバズではなく「現象」になるからである。

YouTubeやInstagramを起点とする消費は、特定の個人（インフルエンサー）から影響を受けて買う、という点から「インフルエンサー型」と称される。

一方、電通メディアイノベーションラボ主任研究員の天野《あまの》彬《あきら》氏によると、TikTokを起点とする消費は「シミュラークル型」なのだという（天野氏の著書『新世代のビジネスはスマホの中から生まれる ショートムービー時代のSNSマーケティング』〈世界文化社、2022年〉に詳しい）。

TikTokでは、誰が発信元なのかはわからないけれど、みんながそれをやっている、買っているという現象――**「シミュラークル（真似して楽しむ）」**が爆発的トレンドを生み出す。シミュラークルによって、いよいよ動画はブランディングを超え、直接購買をもたらして売上に貢献する、セールスプロモーションへと変化したのだ。

❽変化5．広告からコンテンツへ

こうしたシミュラークルを生み出すＰＲ動画は、従来の「広告」ではなく、ほぼ「コンテンツ」になっていくだろうと考えられる。

「動画２・０」時代のYouTubeにおいて、クリエイターは自分が作るコンテンツの内容とは関係なく、動画内に差し込まれるGoogle動画広告から、収益分配を得ることができていた。

しかし、TikTokやショート動画の尺では広告が差し込まれることは少なく、差し込まれていてもクリエイターには収益分配がなかった。それゆえに、ショート動画のクリエイターは、いわゆる「案件」——企業の商品・サービスを紹介して、その対価をもらうビジネスをしなければ、活動を続けるための収益を得ることが難しい状況にあった。

その結果、「動画３・０」時代のTikTokerは、コンテンツとして制作する「案件」の技術やノウハウを加速度的に蓄積している。魅力的なコンテンツを作ることが何よりも重要であり、そのコンテンツがシミュラークルを生み、結果的にセールスプロモーションにつながるからだ。

異なる3種のコミュニケーションスタイル

	Narrative	Interactive
人称	一人称「私」	何人称でもOK
コンセプト	一人ひとりが主体となって紡いでいく物語	発信者も受信者も、誰もがクリエイター化した相互コミュニケーション
具体例	ドキュメンタリー映像 回顧録	（TikTokにおける） ハッシュタグチャレンジ エフェクト

こうした流れが、PR動画を始めとする広告のコンテンツ化に拍車をかけている。

❾変化6．ナラティブからインタラクティブへ

昨今、いろいろな場面でナラティブなコミュニケーションの重要性が叫ばれている。これは、誰かが一方的に語るよりも、ナラティブ（Narrative：一人ひとりが主体となって紡いでいく物語）のなかに引き込むようなコンテンツやコミュニケーションの方が、人の気持ちを動かせるということだと僕は理解している。

『動画2・0』では、「ヴィジュアルストーリーテリング」という言葉をキーワードと

したが、ヴィジュアルでストーリーを見せ、そこに引き込んでユーザーの気持ちを変えていく動画の働きは、まさにナラティブであるとも言える。

一方、「動画3・0」の時代では、ユーザーがナラティブであることはすでに前提だ。その上でユーザーが参加する、つまりインタラクティブな動画でなければ、現代では質の高い「アテンション（注意・注目）」が生まれないのではないだろうか？

インタラクティブを作る具体例の1つが、TikTokにおけるハッシュタグチャレンジやエフェクトだ。「動画2・0」時代には、個人のクリエイターの動画が視聴者によって100万回再生されることに大きな価値があった。しかし「動画3・0」時代、つまりTikTokの時代には、視聴者もまたクリエイターとなっている。

動画を見た100人が真似をして動画を作り、それが1万回ずつ再生されれば、100万回再生されたのと同じことだ。1000人なら1000万回、1万人なら1億回再生されたことになる。こうしたシミュラークルがTikTokでは日々起きていて、「TikTok売れ」を生み出している。

つまり「TikTok売れ」は、1人のクリエイターが生み出しているのではなく、みんながクリエイターになったときに生まれるものなのだ。シミュラークルを生み出すためには、自分も触発されて同じことをやってみたくなるような、インタラクティブなコンテンツでなければならない。

ナラティブの先に、みんなが参加する余白や仕掛けをきちんと作っておくことが、これまで以上に重要になってくるはずだ。

僕もいろいろとTikTokの仕事をしてきたが、うまくいく動画には1つの共通法則がある。

それは、**「動画のコメント欄が掲示板化する」**ということだ。

例えば、何か腸活に良い健康食品を紹介する案件を、クリエイターが手掛けたとしよう。その動画のコメント欄で、視聴者やファンが「私はこんな健康法をやっている」「ヨーグルトは○○が良いですよ」といったやり取りが活発に行われている動画は、大体うまくいく。

コメント欄がにぎやかなのは、ユーザーがそこに参加するというハードルを越えていることの表れである。動画で紹介された商品が、「私も試してみました」という文脈で副次的に取り上げられる可能性も高まるはずだ。

投稿自体がファンコミュニティ化した動画は、自ずとすべてのエンゲージメントが増大し、結果として多くの人を巻き込み、個々の気持ちを動かしていく。

⑩変化7．消費的から生産的へ

「動画2・0」の時代、YouTubeでもっとも受け入れられていた動画のジャンルは、エンタメ系だった。

ではコロナショック後、飛躍的に伸びたYouTubeのジャンルをご存じだろうか？

答えは、フィットネスと料理。ビジネス系YouTuberの躍進も著しかった。ただ単純にエンタメとして消費される動画から、プロダクティブな生活を送るための動画が求められるようになったわけだ。

もちろん、エンタメ系のクリエイターを否定するつもりは毛頭ない。

ただ、動画というコンテンツがカバーする、担っている領域が広がっているということは確かだろう。従来は雑誌や書籍が担っていたような「学び」の部分を、ヴィジュアルコンテンツで伝えられるクリエイターが増えており、彼女／彼らの存在が多くのユーザーに新しい知識と行動のきっかけを与えているのだ。

⓫変化8．中央集権型から分散型へ

この数年、いわゆるトップYouTuberの顔ぶれはそれほど変わらず、一度人気者になると安定していく傾向があった。

これがTikTokになると、YouTubeよりもクリエイターの乱立が激しい。自分のお気に入りのクリエイターが、友達とまったく違うというユーザーも多い。個人の趣味・嗜好がさらに細分化した結果である。

天野彬氏が指摘するように、現代の情報はマス型（マスメディアがきっかけでヒト・モノ・コトが動く）から、インフルエンサー型（憧れの人のレコメンドでヒト・モノ・コトが動く）、さらにシミュラークル型（情報の発端が不明なまま、多くの人が憧れや共感を抱き疑似体験する）へと、伝《でん》播《ぱ》のパターンがどんどん細かくなっている。

以前のマス型＝中央集権型の時代には、新しくチャレンジを試みる人の参入チャンスは基本的に少なかった。僕が２０１８年に『動画２・０』を出版した後、YouTubeのトップクリエイターの顔ぶれは固定化し、混沌の時代ではなくなってしまった。

しかし、そこにTikTokというニューウェーブが到来し、今再び動画の世界にはリセットが起きている。

2021年に、YouTuberのはじめしゃちょー氏が「また抜かれました。誰だよじゅんやって」という動画を投稿した。

じゅんや氏は2018年にTikTokアカウントを開設し、日本人で初めて1000万フォロワーを達成した人物だ。彼は、2020年9月からYouTubeを開始するやいなや、約1年ではじめしゃちょー氏のチャンネル登録者数を追い抜いたのである。

はじめしゃちょー氏がこの動画を投稿したとき、ほとんどの人が同じ感想を――つまり「じゅんやって誰？」という状態になっていた。それもそのはず、じゅんや氏のフォロワーやチャンネル登録している人のほとんどは、外国人なのだ。

彼は活動を開始したタイミングから、日本ではなくグローバルに向けたコンテンツを発信し続けてきた。実際、彼の動画をチェックすると、どれもがノンバーバルコミュニケーションに特化したものになっていて、国や言語の壁を超えて愛されるものを作っていることがわかる。現在、彼のYouTubeチャンネル登録者数は、日本では前人未到の2130万人超えだ（2023年2月時点）。

じゅんや氏がものすごいスピードで成長していったのは、TikTokで初期のファンコミュニティを作り、ショート動画コンテンツを量産したからだ。これは、従来のYouTubeしかなかった時代には、できなかった手法である。

伝播のきっかけが分散していればしているほど、新規参入者にとってはチャンスが増える。つまり今こそが、動画を始めるには絶好のタイミングなのだ。

⓬変化9．オーソリティーからフレンドリーへ

こうした流れのなかで、トップYouTuberたちは相対的にオーソリティー化しつつあると言えるだろう。もともとYouTubeは、芸能人のような近寄りがたい雰囲気よりも、友達のように語りかけるフレンドリーなアプローチが好まれる場所だ。

しかし、スマホで再生される縦型のショート動画においては、その傾向が顕著になっている。トップYouTuberたちが自身の影響力の増大とともに、コンテンツの発信ペースが落ちているのと対照的に、縦型のショート動画はその制作のハードルの低さから、コンテンツの投稿頻度がより多くなる。視聴者は、毎日に近いペースで動画を見ているうちに、TikTokerが本当に友達のように思えてくることもあるようだ。

TikTokのユーザーに話を聞くと、「YouTuberよりもTikTokerの方が身近に感じる」とい

う人がとても多い。TikTokerのスタイルは、これまでのYouTubeクリエイターに対するカウンターであり、彼女／彼らが時代の中心となることで、オーソリティーからフレンドリーへという流れは不可逆のものとなっている。

⑬変化10・クオリティーからクオンティティーへ

今YouTubeの世界では、ミッドロールといわれる、動画の途中に入る広告が収益の肝となっており、動画の尺がある程度ないと収益化が難しい。ミッドロールには、8分以上の動画でないと入れることができないという規定がある。結果的にYouTubeの動画は、その8分を見てもらえるクオリティーを追求するようになり、本質的に「量より質」が求められるようになってきた。

一方、TikTokのようなショート動画では「友達のように毎日会うこと」が大事だから、YouTubeと比べると投稿頻度が非常に高くなる。しかし、動画1本あたりの尺は最低15秒、それより長くても、平均して30秒から1分程度であるため、クリエイターにとってはYouTubeよりも投稿のハードルは低くなる。

今後の「動画3・0」――ショート動画の時代は「質より量」であり、クオリティーよりもクオンティティーの要素がより重要になってくるだろう。

よく「パレートの法則（※）」で語られるように、動画自体を完成させることは全体の2割の時間で達成できる。クオリティーを高めようと思うと、残りの8割の時間が必要になるが、これだけコンテンツがタイムラインを流れていくスピードが速まっている時代に、1本の動画に全集中することは果たして得策なのだろうか？

それよりも全体を俯瞰《ふかん》して見たときに、コンテンツが充実したアカウントになっていることの方が、アテンションを蓄積していくという点においては重要だ。そうやって考えていくと、質よりも量が優先されることは、これからのSNSにおける既定路線だと言えよう。まさに前述の通り、「動画3・0」時代における本質は、「加工」ではなく「調達」と「流通」なのだ。

※パレートの法則――「全体の数値の8割は、全体を構成する要素のうちの2割の要素が生み出している」という経験則のこと。具体例としては、「売上の8割は2割の社員に依存する」などの傾向が挙げられる。「80：20の法則」とも言われる。

企業やビジネスパーソンにとって、真の競合はクリエイター

こうした時代の変化を、ビジネスパーソンはどのように受け止めるべきなのだろうか？

2018年頃は、「でもYouTubeって若い人しか見てませんよね。あれは一時的なブームなんじゃないですか？」とよく言われたものだ。

あれから5年が経った今、YouTubeを若者向けのプラットフォームと考えている人がいたら、誰もが「今すぐ考えを改めた方がいい」と苦言を呈することだろう。NTTドコモのモバイル社会研究所の「2022年一般向けモバイル動向調査」によれば、今や60〜70代でも約半数の人がYouTubeを視聴する時代になっている。

変化の兆しが現れたとき、従来の慣習に囚われている人は、「それは若い人のためのものだ」「一過性の現象だ」といった言い訳をすぐにかぶせてくる。

しかし、その兆しの裏側には、若者にしか見えない不可逆的なムーブメントが起きていることがほとんどなのだ。だからこそ、僕はその兆しを君に伝えたくて、この本を書いているんだ。

あのとき『動画2・0』を読んで、YouTubeにしっかりコミットした企業や個人のクリエイターは、5年を経て多くが成功を手にしている。ビジネスの世界には、〝先行者利益〟

というものがあるからだ。

今この変化を見逃したまま、周回遅れで「YouTubeをやらなければ」と思い立ち、僕の前著に書いてあるような基準で取り組んだとしたら、きっと大きな壁にぶつかるだろう。

例えば、今多くのクリエイターがＰ２Ｃ（Person to Consumer：個人がオリジナルブランドやサービスを構築し、自身が発信塔となって各商材を販売していくビジネスモデル）の販売方式で、オリジナルブランドをプロデュースしている。彼女／彼らが提案するコスメや洋服は、YouTubeクリエイターのヒカル氏の事業が顕著な例だが、大企業が時間をかけて丁寧に開発してきたブランドやプロダクトの月次売上を、たった1日で抜き去るような初速を出すこともある。

そんなライバルが当たり前のように生まれてくるなかで、自分たちのビジネスを守り、商品やサービスをより多くの人に届けるためには、これから述べる「アテンション」をいかに捉えるかが最重要課題になってくるはずだ。

「動画３・０」時代のビッグウェーブは、個人がクリエイターとして著しく活躍しやすくなっていることから生じている。**企業とビジネスパーソンの真の競合は、ライバル会社で**

はなくクリエイターなのだ。そんな時代に、企業やビジネスパーソンがクリエイターになる、もしくはクリエイターマインドを持つことを躊躇《ちゅうちょ》していたら、優位なポジションを守り切ることは難しくなっていくだろう。

「どれだけ注目を集められるか」が、ビジネスの勝敗を分ける

▶

⓮経営資源の新・四大要素は「ヒト・モノ・カネ・アテンション」

こうした新時代のビジネスをドライブする経営資源として、Ｏｐｅｎｉｎｇで僕は「ヒト・モノ・カネ・アテンション」の新・四大要素を取り上げた。

ここで改めて、「アテンション」の重要性について考えてみたい。

かつて、「経営資源の三大要素はヒト・モノ・カネ」と言われていた。

４つ目の要素は、僕が敬愛するクリエイティブディレクターであり、「The Breakthrough Company GO（以下、ＧＯ）」代表の三浦崇宏《みうらたかひろ》氏が「言葉」を推すように、その人が関わる領域によって変わってくるものかもしれない。

しかし、世界規模でクリエイターエコノミーが急拡大している理由を分析するためには、「アテンション」が絶対に外せない要素であることは間違いない。

振り返ると、経営資源の４つ目の要素として、「情報」が注目された時代があった。ただし、情報という要素が世のなかのあらゆるビジネスに当てはまるのかというと、必ずしもそうではない。

現在はＤＸ（デジタルトランスフォーメーション）への注目度が高まっているが、情報（データ）を真に活用できる企業・商売は限られている。そもそも世のなかには、ＤＸに投資できるような大企業よりも、データ自体が蓄積されていないスモールビジネスの方がはるかに多いのだ。

例えば、地元の商店街がＤＸにコストをかけ、顧客情報を完璧に整理したところで、売上に直結するだろうか？　むしろ商店街が多くの人に注目されるようなニュースを作った方が、商店街の人たちはハッピーになるだろう。それこそがアテンションの力なのだ。

経営資源の要素のうち、ヒト・モノ・カネはものすごく直接的に作用する。ヒトが３人よりも10人いた方が仕事は早く進むし、モノもカネも少ないよりは多い方がいい。

しかし、情報や言葉は「少ないより多い方がいい」とは言えず、データクレンジング（※）を行ったり、磨き抜かれたエッセンスのような部分を捉える必要がある。それは非常に難しく、シンプルではないがゆえに、経営資源としては定着しないのではないかと僕は思う。

他方、アテンションに関しては、これは間違いなく少ないより多い方がいい。ヒト・モノ・カネと同じ基準で考えることができるのだ。SNSの浸透により、「注目されること」は明らかに人々の行動を決める大きな要因になっている。そのなかで、アテンションは非常に重要な経営資源になっていくだろう。

※データクレンジング――データベース内の各種データのうち、破損・重複・欠陥を伴ったデータを整理・加工し、スムーズに利活用できる状態へと、データの質を高めること。

自分の顔を世界に晒《さら》し、アテンションを獲得する

インターネットが発達した高度情報化社会では、人々のアテンションが貴重な資源となり、ビジネスを成長させていく。アテンションを集めるだけで、あらゆる事業やサービス展開が容易になるということを、僕はよく「フォロワーがいれば何でもできる」という言葉で表現している。

では、そのアテンションを集めるのに必要なパーツとは何だろうか？

もっとも重要なポイントは何かというと、それは**「ヴィジュアル」**に他ならない。ウェブ上にテキストコンテンツしかなかった時代には、独自の経済圏が生まれるほど人々のアテンションを集められるようなスターは出現しなかった。

ところが、ここ数年のスマートフォンのカメラとスクリーンの進化によって、ヴィジュアルという強烈なインパクトを持つパーツを人々に伝えることが、極めて容易になったのである。

以前、「GREE」創業者の田中良和《たなかよしかず》氏の発言に、大きな示唆を受けたことがある。スマートフォンの登場よりもセルフィーこそが重要なのと同様に、ブロックチェーンではなくビットコインこそが歴史的発明なのだ。そんなふうに田中氏は語っていた。

これを僕なりに解釈してみると、おそらくスマートフォンというテクノロジーよりも、スマホのインカメによって自分を撮影する――「自撮り（セルフィー）」という新しい文化が生まれたこと。そして、それが人々の行動を変えた（当たり前にネットに顔写真をアップしたりするようになった）という事実こそが、インパクトを持つということなのだと思う。

ブロックチェーンそのものは単なるテクノロジーでしかないが、そこに金融商品という性質が合わさったことで、人々がその価値の上下に熱狂し、買いあさったビットコインも同様だ。

いつだって、本質的な価値はテクノロジーのその先の、人間の行動原理を変えるような現象に宿るのだ。

テクノロジーが生まれ、それを使うユーザーの間で新しい文化が生まれ、それによってコンテンツやメディアの形が変わる。世のなかとは、このような形で前進していくものなのである。

クリエイターエコノミーの根底には、テクノロジーの進化、そしてデバイスの進化がある。それによって人々の行動が変わり、セルフィーを撮ることが当たり前になり、自分の

クリエイターエコノミー誕生の経緯

1 テクノロジーの進化

↓

2 デバイスの進化

↓

3 一個人ができることの幅が広がる

↓

4 人々の行動が変わり始める

↓

5 一般的な価値基準・文化基準、
社会のあり方が変わる

↓

6 他者より多くのアテンションを集める人
(＝クリエイター)が登場

↓ …発展…

7 クリエイターとしての影響力を活かした、もしくは
クリエイターの枠を超越したビジネスの開始

↓ …成熟…

8 彼女／彼らの周囲に経済圏
(＝クリエイターエコノミー)が生まれる

顔面をインターネットに晒すことが普通になった。その結果、アテンションを集める人たち——クリエイターが生まれた。

彼女／彼らは自らに集まってくるアテンションを使って、クリエイターの枠を超えた事業活動をするようになった。そこに「クリエイターエコノミー」という、新時代の経済圏が構築されていったのである。

お金では買えない、
注目の集中砲火状態
「アテンションエコノミー」

▶

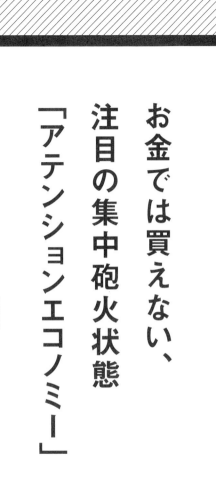

「クリエイターエコノミー」の波を逃さないためには、**「アテンションエコノミー」**が生み出す「現象」についても、触れておく必要があるだろう。

「アテンションエコノミー」は、のちにノーベル経済学賞を受賞したハーバート・サイモン氏が1969年に提唱し、1997年にアメリカの社会学者マイケル・ゴールドハーバー氏が注目したことで、世間に浸透した言葉だ。日本語で関心経済、注意経済と言われるように、人々の関心や注目の度合いが経済的価値を持ち、まるで通貨のように交換材として機能する状況や概念のことを指している。

⓯あらゆるコンテンツの充実度を一定水準以上に保つ

前述の「TikTok売れ」は、まさにアテンションエコノミーの申し子だ。あるコンテンツをきっかけとして、特定の人やハッシュタグがバズる瞬間が突如生まれる。そのとき、具体的にどういうプロセスが起きるのかを考えてみよう。

まず、自分が投稿したコンテンツが話題になり、みんながそのコンテンツを見にくるとする。ユーザーが次にすることは、クリエイターのアカウント欄のチェックだ。これは

YouTubeでも、TikTokでも、Instagramでも同じ。「これを投稿したのはどんな人なんだろう?」という興味から、アカウントやチャンネルをクリックして、そのクリエイターが投稿した他のコンテンツを見る——ここがいわゆる「ボーナスタイム」になる。

しかし例えばTwitterの場合、1つのツイートがバズっても、フォロワー数の増加に直結しない人の方が多い。なぜならその人のツイートをたどっても、他はつまらない——「お腹すいた」とか、「今日は低気圧だから頭痛い」とか、そんなツイートしかしていないからだ。

アテンションエコノミーにおいて、バズという「注目の集中砲火状態」には、お金では買えない価値がある。けれども、そのアテンションを浴びた瞬間に、そのツイートを見にきた人たちがグッと惹かれるような他のツイートがなければ、バズは一過性で終わってしまう。

これは動画においても一緒だ。何かの動画が話題になり、それを見た人が「他の動画も良いな」と思った瞬間に、フォローが発生する。結局はその備えを、注目の集中砲火状態が訪れる手前までにどれだけ積めるかが、アテンションエコノミーでは成功の分かれ道となるのである。

実はこれ、僕自身の実体験でもある。

以前、ワンメディアの株主でもある「アル」代表のけんすう（古川健介《ふるかわけんすけ》）氏に、「明石さん、Twitterをやりましょう。名前を〝ガクト〟とカタカナ表記にして、〝動画の真髄〟みたいなことを、ものすごく堂々とツイートしてください」とアドバイスされた。株主の依頼とあれば断るわけにはいかない。まずは1日やってみたけれど、すぐにネタが尽きてしまった。「けんすうさん、もうツイートすることがないです」と正直に言ったら、けんすう氏がいくつかのTwitterアカウント――いわゆる〝港区女子〟のリンクを送ってくれた。「明石さん、この人たちのアカウントを見てください。ツイートを読んでください。何か気づくことはないですか？」そこで僕は気づいた。彼女たちは同じことを、言い方やアプローチを変えて繰り返しツイートしていたのだ。

情報過多の現代では、どんなに面白いテーマだったとしても、1回のツイートでは埋もれてしまう。そこで僕は、動画のエッセンスを繰り返し違う角度から表現するという方法をとり、なんとかフォロワーを獲得していくことができた。

⑯バズったコンテンツと同じ期待値を満たすものを100作る

この考え方を動画に置き換えて発展させていくと、**「期待値のコントロール」**がとても重要であるということが見えてくる。

人は誰かのコンテンツを見にくるときは、必ず何かを期待しているものだ。いつも元気なクリエイターの姿が「クスッ」と笑える、仕事や学校で悩んでいた気持ちがちょっと晴れて、前に進めるような気がする……。

「くだらなくて面白い」でも、「学びがあって明日から役立ちそう」でも、「期待値」が根っこにあることに変わりはない。そうした人々の期待値を満たすようなコンテンツを毎回発信し続けることが重要であり、そのなかの何かが注目される瞬間が、必ずどこかで訪れる。

注目の集中砲火状態が訪れたとき、それをフォローやチャンネル登録へと転換するために一番大事なことは、**「バズったコンテンツと同じ期待値を満たせるものが他に100あるか」**ということ。備えあれば憂いなし。そのための準備をし続けることが、アテンションを勝ち得ていくための必須条件と言える。

「アテンションエコノミー」が激変させた動画コンテンツの今

「TikTok売れ」が示すように、アテンションエコノミーの影響力がかつてなく強大になった今、動画にはどのような変化が起こりうるのだろうか。

⑰「2秒」と「6秒」の法則

僕が日々感じているのは、コンテンツを作るクリエイターという「人」の存在が、より重要になってきたということだ。ユーザーがアテンションを向けるのは動画単体ではなく、その動画群を生み出しているクリエイターの存在であり、「クリエイター自身のキャラクターが際立っていること」が不可欠の条件となっている。

アテンションエコノミーの世界で、ユーザーに自らを認識してもらうために、TikTokのクリエイターはさまざまな努力をしている。フィードに一瞬現れる画面だけで、「これはあの人の動画だ」とわかるように、パッと目につく派手な背景を毎回用意していたり……一目で自分とわかるような、ヴィジュアルの工夫が重要なのだ。

また、コンテンツの量が増え続ける現代社会では、ユーザーがアテンションを維持できる時間はどんどん短縮されている。ゆえに、YouTubeの時代よりもTikTokの時代の方が、「自分が何者で、これは何をやる動画なのか」を説明できる時間がより短くなっている。

TikTok の場合は、「2秒以内」に自己紹介をして、「6秒以内」にこの動画は何をやるのかを示さなければ、視聴数は伸びない。YouTube の時代からすると、僕の体感では1・5倍ぐらいの時間に圧縮されている。

⑱「ジャンプカット」でIPTの高いコンテンツを生み出す

『動画2・0』のなかで、僕は映像と動画の違いを説明するために、Information Per Time（時間あたりの情報量。以下、IPT）という概念を提唱した。映像から動画への変革において、もっとも重要なポイントは「情報の凝縮」にある。それを体現する動画の文法の1つが、YouTuber が生み出した「ジャンプカット」という編集手法だ。

ジャンプカットとは、会話や展開の間、余分な言葉などを極限まで削ぎ落とし、情報として伝えたい部分だけを残す編集手法のことを言う。ジャンプカットを使うことで、動画のIPTは飛躍的に高まるが、これは従来のテレビ的な映像編集の手法からすると違和感が生じやすく、禁じ手とされることが多いやり方だった。

しかし、これが当たり前のように使われているのが、YouTube という場所なのである。

YouTubeではユーザーが主体的にコンテンツを再生し、CMをスキップし、ときには倍速で視聴する。こうした視聴スタイルが一般的になったのは、タイムパフォーマンス（以下、タイパ）を重視するユーザーが、IPTの高いコンテンツを求めるからだ。

⑲「1分」、そして「1秒」あたりの単語量を増やす

こうした傾向は数字にも表れている。英語圏において、時間あたりの単語量を比較したデータがこちらだ。

・普通の会話：1分あたり100単語
・人気TEDトークTOP5：1分あたり150単語

TEDの素晴らしいスピーチは、普通の会話よりもIPTが1・5倍ある。時間あたりのインプット量が多いと、人々はタイパが良いと感じるのだ。

ではこれを、YouTuberと比較してみよう。

チャンネル登録者数1・31億人（個人のYouTubeチャンネルでは世界1位。2023年2月時点）を誇り、2021年には約62億円を稼いだことで、YouTuber歴代世界1位の年間収入記録を持つ、「MrBeast《ミスター・ビースト》」。

彼の動画のIPTはどうなっていると思う？　その答えがこちらだ。

・動画の最初の10秒：250単語

1分ではない、たった10秒でTEDのIPTを軽く凌駕してしまっている。このように、人を惹きつけるクリエイティブの裏側には、その魅力の源泉となる秘密の数字が眠っている。

⑳「切り抜き」に対応できる〝原液〟コンテンツを意識する

それでは、TikTokやYouTubeショートのような新たな場が生まれたことで、IPTの重要性はどうなっていくのだろう？

僕の考えでは、「動画2・0」の時代よりもさらに、タイパ意識やコンテンツの流通力を高める流れが加速することで、より一層IPTを意識しなければならないように感じる。
その証拠が、2022年以降に生まれた新しいムーブメントである、「切り抜き動画」だ。切り抜き動画とは、主にYouTubeやライブ配信を使って長時間の動画を投稿しているクリエイターの元動画から、「切り抜き職人」や「切り抜き師」と呼ばれる第三者が、その動画の要点や1つのメッセージをまとめる形で再編集した動画である。

切り抜き動画は、IPTの低い動画を敬遠する若年層の嗜好と合致すると同時に、クリエイターにも切り抜き職人にもメリットがあるという経済的なエコシステムによって、爆発的なブームとなった。切り抜き動画では、元動画を出したクリエイターと切り抜き職人が合意し、収益割合を決めることで、双方に収益が入る仕組みになっている。「2ちゃんねる」の創始者として知られるひろゆき氏のように、切り抜き職人を組織化して、自分の元動画が効率的に広まるような仕組みを作っていくクリエイターも現れた。

本来IPTの高いコンテンツを作るためには、コンテンツの「調達→加工→流通」における「加工」の部分――つまり、ある種の編集力と作業時間が必要になる。
しかし、IPTの高いコンテンツに転換できる「中身のある話ができるクリエイター」

は、切り抜き動画によって「加工」を自分でしなくてもよくなった。ライブ配信や長時間の動画でコンテンツを〝垂れ流し〟ておけば、「加工」は誰かが勝手にやってくれて、それがYouTubeやTikTokなどで「流通」していく。

その切り抜き動画を見て、ユーザーが元動画を検索して視聴したり、クリエイターのファンになったり……といったフィードバック的な現象も起きているのだ。

切り抜き動画のビジネスは、キャラクター性が際立っているクリエイター（発信者）の元動画がなければ成立しない。逆に言うと、IPTの高さに耐えられるような話ができる人物が、今すごく貴重になっているという見方もできる。

あらゆるものが人々の注意を奪い合うアテンションエコノミーにおいては、IPTの密度とともに、一瞬で視聴者を捉えるクリエイター自身の引力が極めて重要なのである。

これは、かつて堀江貴文《ほりえたかふみ》氏が著書『多動力』（幻冬舎、2017年）で、「カルピスの原液を作る」という持論を展開していたことにも通じる。

カルピスの原液のような濃いアウトプットがあれば、それを周囲の人が自分好みの濃さにして飲んでもいいし、炭酸水で割ってカルピスソーダにしてもいい。僕のように、牛乳と合わせてリッチな味わいにするのも自由だ。

周囲の人を巻き込み、勝手に原液をバラまいてもらうことが重要だと説いた『多動力』が出版されたのは、2017年。動画もSNSも、あの頃よりずっと隆盛を極めている。切り抜き動画のように、原液を薄める仕組みをプラットフォーム側がオフィシャルに用意することも、これからは当たり前になっていくのかもしれない。

個人が越境者となり、より活躍していく未来を作る多動力は、まさにクリエイターエコノミーのど真ん中だと言える。

マーケティングの基軸通貨は、「リーチ」から「アテンション」へ

基本的にこれまでのマーケティングは、すべて「リーチ（広告を見たユーザー数）」を軸に価格設定が決められてきた。

新聞や雑誌は、発行部数という「リーチ」をもとに広告費用が決まる。テレビの「リーチ」の指標となるのは、GRP（延べ視聴率）だ。

そもそも視聴率とは、視聴率の調査対象となるモニター世帯で、あるテレビ番組がどれぐらいの世帯に見られているかを表す、パーセンテージのことを指す。

この世帯視聴率をベースにして、毎分視聴率1パーセントの番組に、テレビCMを1本流すことを1GRPという。例えば、毎分視聴率15パーセントの番組に3本CMを流すと、45GRPとなる。テレビ番組は1GRPあたりの単価が決まっており、これによってテレビCMというものが取引されている。

新聞も雑誌もテレビも、従来はそれらのコンテンツが本当に読まれたか、視聴されたかを正確に測ることはできず、それゆえにリーチを基準として広告媒体の価格が決まっていた。

デジタルの時代になると、YouTubeを始めとして再生回数やインプレッション数（広告が

リーチとアテンションの違い

リーチ		アテンション
可能 （定量的）	**測定可能性**	不可能な場合もある （定性的）
再生回数 インプレッション	**指標の例**	そのコンテンツに触れた人の心をどれだけつかんで放さないか
認知レベルにとどまる 「そういうのあったかもしれない」	**効果**	熱心なファン層も獲得できる 「好きでずっとチェックしちゃう」
お金で買える	**購入の可否**	お金では買えない
単発でのアプローチが基本	**アプローチ法**	継続的なアプローチを行う
より多くの資源を持っている 企業・人が有利	**誰の味方か？**	持たざる者にも勝算がある

表示された回数）は測定できるようになったけれど、基本的にはリーチを基準として理解されてきた。

これはおそらく、旧来の広告取引における基軸通貨に倣った方が、デジタル広告へとシフトしやすかったからだと思う。

また、現在のデジタル広告の場合、どれほどリーチを積み重ねてもテレビには負けてしまう。それくらい、テレビが持っている「リーチ」はいまだにすごいし、リーチ単価で見れば、結局はテレビＣＭを買う方が安くなる。

㉑デジタルメディアの強力な武器「アテンション」

では、デジタルが持っている本質的な価値とは何だろう。

これはやはり単なる認知ではなく、TikTokが「興味からズドン」と表現したように、人の心に深く入り込み、行動へと促す作用だろう。こうした構造のなかで、基軸通貨となるのは「リーチ」ではなく、「アテンション」だ。

100万のリーチをお金で買うのではなく、100万リーチ分のアテンションを生み出すようなコンテンツを作ることができたら、これは素晴らしい成果となるだろう。かつ、そのコンテンツを毎日誰かに届けるための「流通」コストは、デジタルの世界ではタダに近い。

リーチを買うためには、その都度お金が必要だから、単純にお金を持っている人たちが強いゲームになる。しかし、これからはリーチにお金をかけなくても、自分たちのコンテンツでアテンションを集めればモノも売れるし、「現象」を作ることもできるのだ。

リーチよりもアテンション、この理解度を深めるために、あえて動画でない例を出そう。

2018年、東京メトロの国会議事堂前駅と霞ケ関駅に貼られた広告が、ソーシャルメディアで話題になった。これは、ケンドリック・ラマー（※）の来日に合わせて掲出された広告で、公的文書のような紙に書かれた文字を黒く塗りつぶし、その上には彼の最新アルバムタイトルである『DAMN.《ダム》』の文字がかぶさっている。

当時、世間では「森友《もりとも》・加計《かけ》」問題が注目を集めていた。その渦中で、国や自治体が公表した黒塗り文書をパロディー化したのが、この広告だ。けれどそれだけでは、この広告のメッセージ性がここまで世間の注目を浴びることはなかっただろう。

ポイントは、このクリエイティブを国会議事堂前駅と霞ケ関駅という、いわば日本の政治的中枢の2駅にだけ掲示したことにある。その掲示場所が持つコンテクストを、黒塗り文書というコンセプトで提示する。そしてポスターを見た人の数は、実際に2つの駅で実物を見た人よりも、スマートフォンのカメラで撮影され、誰かのSNSにアップされた画像を目にした人の方がずっと多かった。

つまり、お金で買ったリーチ（駅の利用者数に基づく）はそこまで多くないが、それによって生まれたアテンションの結果として話題が生まれ、最終的に多くのリーチを勝ち得ている事例なのである。

※ケンドリック・ラマー――アメリカでもっとも影響力のあるアーティストの一人。2017年に発売したアルバム『DAMN.』で、ヒップホップ歌手として初めて、ピューリッツァー賞の音楽部門を受賞した。

実はこの話、広告予算がそこまで潤沢にないというところから始まっていて、そのようななかで話題を作るにはどうしたらいいか？　を考え抜いた結果が、「まずは霞ケ関・国会議事堂前駅だけに絞って掲出することで、話題にする」という企画だったというわけだ。

まさにアテンションを作ることによって、リーチを最大化した素晴らしい事例。手掛けたのは、三浦崇宏氏が率いるGOだ。GOのミッションは、「あらゆる社会の変化と挑戦にコミットすること」。既存の広告業界の常識は、出稿金額がすべてで、クリエイティブは二の次だった。GOはクリエイティブの力によって、メディアバイイングへの資金投下量で勝敗が決まる従来のゲームをひっくり返す、大技を見せてくれた。

何度でも言うぜ。アテンションこそが、金も名誉も人脈も持っていないヤツが、それらを手にしているヤツに勝つ、唯一の秘訣なんだ。

スマホの進化と
制作費のコストダウンで
誰もが「伝える手段」を持った

リーチからアテンションへ――この流れにどの企業よりも早く乗り、実践し、証明してきたのがクリエイターである。

ワンメディアの提携クリエイターでもあるゆうこす氏は、２０２１年の個人年間売上が10億円を突破した、経営者でありクリエイター――いわばクリエイターエコノミーのパイオニア的存在だ。

もしも企業が、「リーチ」を買って10億円分の売上を作ろうと思ったら、初期投資で何億円ものメディアバイイングが必要だろう。

しかしゆうこす氏は、自分のファンコミュニティが生み出すアテンションエコノミーによって、リーチを買うことなくそれを達成している。２０１６年にYouTubeチャンネル「ゆうこすモテちゃんねる」を開設し、動画をやり続けてきた彼女だからこその成功だ。

「動画3・0」の時代には、彼女のように「伝える手段」を持ったクリエイターが事業家として活躍していくケースが増えていくだろう。

なぜそれが可能になったのか？　ここには2つのポイントがある。

1つはSNS――Instagram・YouTube・TikTokといったヴィジュアルの伝播に適した

プラットフォームが現れ、かつスマートフォンの進化によって、自撮りという革命が起きたことだ。

もう1つには、実質的なコストダウンが挙げられる。

テレビの時代には、コンテンツを作る「調達」の段階で、大きなスタジオや1000万円以上もする高価なカメラが必要だったし、「加工」の段階の編集作業では、1時間あたり2万~5万円かけて編集スタジオを借りることが当たり前だった。

そして「流通」の段階では、免許事業であり、既得権益でもあるテレビの電波に乗せなければ、コンテンツを人々に届けることができなかった。何かを作って放送するためには、トータルで何千万円ものコストが必要だったのだ。

これが「動画2・0」――YouTubeの時代になると、個人が一眼レフカメラで撮影してパソコンで編集し、YouTubeで配信するというように、「調達→加工→流通」がシンプルかつ低コストになる。当時、一眼レフの値段はだいたい10万円ぐらいで、パソコンの値段は20万円ぐらい。YouTubeで配信するのはタダ。つまり、トータルで30万円余りのコストさえかければ、ヴィジュアルで何かを伝える手段をみんなが持てるような時代になった。

そして「動画3・0」――TikTokの時代となった今、コストダウンはさらに進んでいる。撮影はスマホでできるし、編集もパソコンでAdobeのソフトを使ったりしなくても、

TikTokの優秀な編集機能でできてしまう。それをそのままディストリビューションすれば、実にコストゼロでコンテンツを届けることができるのだ。

このゼロ円のパワー、かつてクリス・アンダーソン氏の『フリー〈無料〉からお金を生みだす新戦略』（NHK出版、2009年）という本によって、世のなかに知られるようになった「フリーミアム（※）」の持つパワーで、クリエイターの人口は爆発的に増えている。

誰もがヴィジュアルコンテンツを作り、アテンションを生み出せるようになったことで、「動画3・0」の時代が到来したのだと言える。

※フリーミアム――「フリー（無料）」と「プレミアム（割増料金）」からなる造語。基本的なサービスや製品を無料で提供し、それ以上のサービスや機能、製品に関しては有料で提供することで、収益を得るビジネスモデルのこと。

「持たざる者」こそ強い時代
——そのわけは
「クリエイティブの民主化」
にある

▶

お金もないし、スキルも経験もないし、人脈も知名度もない。

コンテンツやクリエイティブが民主化された「動画3・0」の時代は、そんな「持たざる者」たちこそが強い。新たなクリエイターたちは既存の常識に囚われないがゆえに、すごいチャンスを手にする可能性がある。誰も君に注意を払っていない、だからこそ誰にも邪魔されることなく、偉業を達成できるのだ。

これが大企業や、知名度のあるタレント、クリエイターであれば、TikTok のような未知のプラットフォームに対して「恐さ」を感じるだろう。既存のビジネスやプラットフォームでは、すでにお金やスキル、経験を手にしている「持てる者」が強い。そのため「持てる者」にとっては、新しいチャレンジをすること自体が大きなリスクなのだ。

けれども、新しいプラットフォームでは「持てる者」も「持たざる者」も経験値は互角だ。「持てる者」はお金があっても、それを何に使えばいいかわからないだろうし、新鮮なアイデアや同世代を惹きつける感覚は、お金で買えるものではない。だからこそ、「持たざる者」にとってのチャンスがそこにはある。

その昔、コンテンツやクリエイティブは、「持てる者」――特権階級だけに許された夢であり、参加人数が極めて少ないゲームだった。

この状況は、かつて「サッカー王国」と呼ばれた僕の出身地・静岡と似ているかもしれない。

1980〜1990年代にかけて、静岡県勢は「全国高校サッカー選手権大会」で6回も優勝し、「全国で勝つよりも静岡県予選を勝ち抜く方が難しい」とまで言われていた。Jリーグの清水エスパルスやジュビロ磐田《いわた》は、スター選手を多く抱えており、プロの世界においても静岡県勢は強かった。

しかし2022年11月、両チームは揃ってJ2に降格。高校サッカー選手権では、2020年に静岡学園が24年ぶりの優勝を果たしたが、長く低迷の時期が続いていた。

小学生の頃、道徳の授業で習ったのだが、静岡県はたまたまブラジル帰りの先生がいたことがきっかけで、戦後の早い段階から体育の授業にサッカーを取り入れていたそうだ。まさに先行者利益があったわけだが、Jリーグが発足して日本もワールドカップに出るようになり、全国的にサッカーの競技参加人口が増えると、静岡県は特別な存在ではなくなってしまった。

同じことが今、コンテンツやクリエイティブ界においても起こっている。

多くの個人クリエイターや、これまでヒト・モノ・カネが足りず、ゲームに参加できなかった中小企業がアテンションを獲得し、この世界を独占してきた「持てる者」たち――電通・博報堂といった大手広告代理店のクリエイターや、莫大な広告出稿予算を持つ大企業に牙をむくことだろう。

コンテンツやクリエイティブは、もはやサッカーと同様に、全国の「みんな」が参加する競技へと変わったのだから。

「誰でも15秒間は有名になれる」社会で、SNSを活用しない手はない

▼

一億総クリエイター社会、「持たざる者」こそ強い時代――そんな今、「ヴィジュアル表現を通して実現できる熱狂」とは、一体何なのだろう。

これは一言でいうと、「一発逆転」という現象ではないだろうか？

かつてポップアートの旗手アンディ・ウォーホルは、「将来、誰でも15分間は世界的な有名人になれるだろう」と語った。これはテレビを風刺したフレーズであり、当時、無名の人間を有名にしてくれる主体はテレビだったが、これから先の世界は違う。

「持てる者」たちに独占されていた、コンテンツやクリエイティブが解放された今、アテンションを惹きつけるヴィジュアル表現を使えば、昨日まで無名だった人も、企業もサービスも、「15秒間」は有名になれるチャンスを自力で生み出すことができる。

一億総クリエイター社会とは、自分の努力で、しかもゼロ円で「有名になる装置」を作れる社会に他ならない。アテンションエコノミーを乗り切るこの装置は、君が何を求めるにしろ――良い就職先なのか、自分が携わる仕事を広めたいのか、クリエイターとして生きていきたいのかはわからないが――どのような道においても君を有利にしてくれる、最強の武器になるはずだ。

Chapter 2

ショート動画がSNSコミュニケーションに与えた三大変革

さて、今この世にはどれくらいの数の動画クリエイターがいると思う？

1万人？　10万人？　100万人？

その答えは、3億人。そのうちおよそ半分は、なんとコロナショック後に増加した数だ。世はまさに、「大クリエイター時代」に突入している。

43ページでも取り上げた、Adobeによるレポート「Future of Creativity」において、クリエイターの定義に関するまったく新しい価値観が示された。Adobeが本レポートのなかで、クリエイターの基準として定義したのは、**「月に1回以上、自らのプレゼンスを高めるためにSNSで作品を投稿している」**人間だ。これは〝クリエイター〟という言葉の、半ば固定化した概念を刷新する歴史的転換点だ。

これまで君が、クリエイターと聞いて連想していたのはどんな存在だろう？

映画監督、CMディレクター、ファッションデザイナー、作家、VFX（Visual Effects：視覚効果）アーティスト、ミュージシャン、放送作家、テレビプロデューサー……こんな肩書きを想像してはいないだろうか？

はっきりと言おう。

それらは単なる〝思い込み〟であり、これまでのクリエイターの既得権益によって植えつけられた〝先入観〟なのだ。

例えばかつて、DJはクリエイターと見なされていなかった。

「他人の曲をかけてるだけじゃないか」「歌も歌わず、楽器も演奏しないのに」

そんな風潮を変えたのは、テクノロジーがもたらしたメディアの変化だ。

今や音楽業界で稼ぎまくっている〝クリエイター〟は、紛《まぎ》れもなくDJだ。

例えば、ザ・チェインスモーカーズが1ステージで得る報酬は、50万ドルだと言われている。毎週末、パーティーを盛り上げる日々をたった1ヶ月も過ごせば、普通の人が一生かけて稼ぐ金額が預金残高に積み上がっていくなんて、にわかには信じがたいかもしれない。

カルヴィン・ハリスというDJがいる。総資産300億円超、元カノはあのテイラー・スウィフト、Forbes《フォーブス》が発表する「世界でもっとも稼ぐDJランキング」の頂点に

6年間にわたって君臨し続けた、まさにスーパースターだ。そんな彼が、かつて昼間は地元のスーパーで働きながら、地道にマイスペースに曲をアップしていた青年だったことは、有名な話だ。いつか世のなかが自分の音楽に興味を持ってくれる日を夢見て、夜ごと音楽業界関係者にDMを送っていた——そんな過去を、彼はインタビューで語っている。

さて君は、過去にこれに似たような話をどこかで聞いたことはないだろうか？

そう、日本が誇るトップYouTuberのHIKAKIN《ヒカキン》氏にも、これとそっくりなエピソードがある。スーパーで働きながら、東十条の木造アパート（社員寮）のワンルームの「一番キレイな音が響く」お風呂場で、ヒューマンビートボックスの動画を撮影し、YouTubeにアップし続けた下積み時代の話だ。

世界的DJと日本を代表するYouTuber、カルヴィン・ハリスとHIKAKIN氏の成功の共通点は何だろう？

スーパーでバイトすること……ではもちろんなく、マイスペースやYouTubeといった新しいメディアを活用したことにあるのは明らかだ。

Web2・0と呼ばれたムーブメント——そこから生まれたプラットフォームが個人をメディア化し、世のなかに不可逆的な変化をもたらした。それは〝クリエイター〟の定義においても例外ではない。

DJもYouTuberも、かつてのクリエイター分類には存在しない職業だった。テクノロジーによって新たな場所が生まれ、そこで活躍する新しいクリエイターを時代が求めたことが、この大クリエイター時代の本質である。

TikTokは動画クリエイターになるハードルを従来の10分の1に引き下げた。今や、1時間にTikTokにアップロードされる動画の本数は、500万本にもおよんでいる。僕らは今、歴史上もっとも多くのコンテンツに囲まれた時代を生きている。それを生み出しているのは、紛れもなく新しいメディアに対応したクリエイターなのだ。

広義の意味を持つようになったクリエイターに関連して、ここで改めて、「ショート動画」について触れておきたい。

ショート動画のクリエイティブを世に送り出すと、これまでのメディアを軸に活動していたクリエイターからは、凝り固まった固定観念をベースにしたツッコミを受けるだろう。僕も諸先輩方から、「ライティングがおかしい」「カラーグレーディングがなってない」といった、愛のある(?)ご指導ご鞭撻《べんたつ》をいただいた。どれも大型液晶テレビで見ることを前提にしたツッコミである。

コンテンツを、スマートフォンとSNSで見せることを前提にするならば、同じ予算と労力をかけるにしても、別の部分(主に本書で扱うポイント)にアロケーションする方がずっといい。

ショート動画は、以下の3つの変化をコミュニケーションにもたらした。

①クリエイティブの撮影・編集・配信のハードルを引き下げたこと
②エフェクトや音楽、切り抜きといった新しいエコシステムを生み出したこと
③短時間で興味から直接、購買などの行動につなげられること

この変化に対応することは、これから企業のなかのマーケティング・コミュニケーション領域を担当していく人間が、もっとも考えなくてはならないことだ。

なぜならば、ショート動画がもたらした変化は、クリエイターをエンタープライゼーションさせ、クリエイターである彼女/彼らは、自らの事業を新しいメディアを使ってどんどん拡大していくからだ。

従来のように、数千万~数億円かけてCMを準備し、代理店やテレビ局と連動しながら、時間をかけてブランディングやプロモーションを行うようなやり方は、まるでジュラ紀の恐竜のような姿に僕の目には映る。そのパワーは凄《すさ》まじいが、「テレビ離れ」という隕石がもたらすであろう氷河期には耐えられない。劇的な環境変化を生き残るための新たなやり方が必要になる。

それを誰よりも早く実践し続けているのが、クリエイターなのだ。彼女/彼らは、自己顕示欲に囚われ、自分を曝《さら》け出しているタレントワナビーなどでは決してない。最先端のビジネスパーソンなのだ。

君が働いている会社の真の競合は、クリエイターなのである。

夜空を満たす星の数ほどのコンテンツが溢れる状況に対応するように、人々の視聴習慣も変化した。Netflix も YouTube も倍速で再生される時代。早送りで見る世界は、動画の短尺化を求める。

TikTok が爆発させたショート動画のニーズに応えるために、YouTube も Instagram も対応した機能をリリース。そして、今やそれぞれのプラットフォームでグロースを図るには、それらを駆使しなければ活路はない。

ショート動画が作る銀河系は、コンテンツで埋め尽くされた宇宙のなかで一際強い輝きを放つ。この輝きを主に支えているのは、クリエイターのなかでもフォロワーを5000人以上持つ者、つまりはインフルエンサーと呼ばれている者たちだ。

『動画2・0』で提起した動画クリエイターという概念は、今や細分化し、広がり続けている。YouTube 動画エディター、切り抜き職人、TikTok 振付師、TikTok エフェクトクリエイター……各分野に専門性を求められるクリエイターが必要になるほどに。

YouTubeが日本にもたらした雇用は、10万人にものぼるそうだ。僕もまたその一人であるし、多くの新しいクリエイターが動画というビッグバンから誕生している。

動画によって、ヴィジュアルコミュニケーションは従来の特権的な企業やクリエイターだけのものではなくなり、ショート動画によって完全に民主化された。

いわば、ショート動画は革命である。

ただ、その革命のファンファーレは若者にしか聞こえていない。

このChapterでは、そんなショート動画とクリエイターがもたらした世のなかの前進について掘り下げていく。

この革命で倒される側になるのか、それとも取って代わる側になるのか。

それは他でもない君が、クリエイターになるかどうかにかかっている。

大丈夫、ショート動画はそれを可能にしてくれる。

だって世界には、もう3億人もの仲間がいるのだから。

全世界に向けた顔面晒しブームの集大成がショート動画の時代

㉒ショート動画は「縦型×60秒」が基本

まずは、「ショート動画」の定義から始めよう。

一般的にショート動画とは、1分以内の縦型のコンテンツのことを言い、この定義には時間と画角の両方が関わっている。

言い換えると、動画の尺が1分以内であっても、従来の16：9の横長の画角であれば、ショート動画とは言わない。また、縦長でも8分〜十数分あるような動画は、ショート動画とは言わないのだ。


ショート動画は2012年頃から、いろいろな場所で五月雨式にその兆しが見えていた。

例えば、ショート動画のオリジネイターとされるVine《ヴァイン》というプラットフォーム（まだ縦型ではなく正方形の画角だったが、6秒の動画しかアップできないという尖った仕様は多くのサービスに影響を与えることになった）は、ローンチ後すぐに1億人のユーザーを抱えるも、うまくビジネスが回らずに2017年にクローズしている。

kemio《けみお》氏のように、Vineで人気があったクリエイターの多くはYouTuberに転身した。

奇《く》しくも同じ2016年、Instagramが24時間で消える「ストーリーズ」という機能をリリースする。これは、アメリカで大流行していたSnapchatの特徴をそのまま踏襲したクローン機能だった。縦長の画角で動画を作り込むというよりは、インスタグラマーの日常を見せていくような切り口で定着していった。

これらの流れを一気にまとめ上げて世のなかに浸透させたのが、バイトダンス社（ByteDance。以下、バイトダンス）が2017年にローンチしたTikTokである。

TikTokは、当初「動画サービス」という冠を掲げることなく、「音楽」を押し出す形でスタートした。音楽に合わせて踊る自分たちの姿を自撮りして、仲間内でシェアする。「流行りの音楽に合わせてダンスして、みんなで楽しむプラットフォームなんですよ」といった売り出し方をすることで、YouTubeのような他の動画サービスとの競合を回避しつつ、動画共有サービスとして急成長していったのである。

TikTokは現在150以上の国と地域、75ヶ国以上で事業展開され、Data.ai（旧App Annie）によれば、グローバル版のTikTokと中国版のDouyin《ドウイン》の合計MAU（Monthly Active Users：月間アクティブユーザー数）は、今後15億人にまでのぼると予測されている。

続々と誕生するTikTokのスターに危機感を覚えたYouTubeは、カウンターとして2021年7月にYouTubeショートをスタートさせた。

世界はまさに「ショート動画全盛の時代」に突入したのだ。

ショート動画によって引き下げられた「クリエイティブ」の参入障壁

▶

ショート動画の流行によって、クリエイティブの参入障壁はメジャーリーグから草野球のレベルにまで下がり、誰もが気軽に体験できるものになろうとしている。

第一に、エフェクトや音楽、切り抜きといったクリエイターエコシステムを生み出したことは、「TikTok の偉大な発明だ。スタート時、なぜ「音楽アプリ」であるかのように装ったのか——これは Vine の失敗に深く学んだがゆえの戦略だったと考えられている。

想像してみてほしい。

「ここにスマートフォンがあります。これで動画を撮ってください」と言われても、ほとんどの人はすぐに動画を撮ることはできないのではないだろうか。できる人はおそらく100人に1人いるかいないかで、限られた才能の持ち主がクリエイターになっていった。

しかし、さまざまな音楽が使えて、「これに合わせて今流行っている簡単なダンスをしてください」と提案されれば、できる人の数はぐんと増える。

ここには musical.ly《ミュージカリー》（※）から連なる、ショート動画アプリ黎明期《れいめいき》のストーリーを筆頭に、いくつもの要因や歴史が絡み合っていることが前提になっている。

音楽鑑賞とセルフィーという、若者がスマートフォンを通して楽しんでいる二大巨頭を組み合わせることで、YouTubeとは異なる新しいカルチャーを生み出したこと。それが結果的に、従来とは異なるクリエイターのあり方へとつながったことは、まさに奇跡的だ。

その奇跡によって、動画は特別な才能やセンスの持ち主だけではなく、みんなが扱えるものへと概念が拡大した。言い換えると、コンテンツやクリエイティブが民主化したことによって、TikTokは爆発的にユーザーを広げ、さらにはエフェクトという画期的な発明をするに至ったのだ。

君がもしアラフォー世代なら、プリクラを撮ったことがあると思う。レンズつきフィルムの「写《うつ》ルンです」とプリクラでは、圧倒的にプリクラの方が面白い写真を撮りやすかったはずだ。

なぜなら、プリクラは「指示してくれる」から。「こんなポーズをしてね」という指示に始まり、そのポーズをしたときに自分が可愛く、カッコよく〝盛れる〟ような加工のしか

※musical.ly――アメリカのMusical.ly, Inc.が開発した動画共有サービス（動画共有アプリ）。人気歌手の音楽にのせた「口パク動画」を15秒撮影し、シェアできるソーシャルアプリとして人気を博した。2017年11月に、TikTokによる買収が発表された。

たまで指示してくれる。

TikTokのエフェクトは、動画でそれをワンストップでやってくれる機能なのだ。ユーザーが次に何のアクションをしたら良いのかを指示し、それをしたときに自分の顔面が〝いい感じ〟になるように加工してくれる。

これをかつての映像の時代に置き換えれば、適切なライティングとカメラのセッティング、そしてどういう流れで撮影するのかを示す、構成・絵コンテが用意されている状態と同じだ。それをテクノロジーでやってのけたのが、TikTokなのである。

こうしたTikTokの戦略により、ショート動画を作るハードルは大きく下がった。「何をやればいいのか」を自分で考えなくても参加できる、これがTikTokの偉大さだ。

YouTubeショートや、LINEが2021年11月にローンチしたショート動画サービス「LINE《ライン》 VOOM《ブーム》」では、残念ながらそこがTikTokほどには考慮されていない。

そのために、YouTubeショートやLINE VOOMは、TikTokクリエイターの〝出張所〟になってしまっている。すでに人気のあるTikTokerが、これらのサービスを利用することはあるが、YouTubeショートやLINE VOOM出身の新たなスターは、まだそれほど出てきていないのが現状だ。

最近まで、「Instagramのリール（最長90秒のショート動画をシェアできる機能）やYouTubeショートでは、TikTokのロゴがついている——つまりTikTokでパブリッシュされた動画が多くアップされていた。

バイトダンスとしては、ユーザーが他のプラットフォームで、TikTokのことを無料で宣伝してくれているような状況だった。これぞフリーミアム、というような理想的なシナリオだと言える。

ところが同社は、「TikTok純正の動画編集アプリ「CapCut《キャップカット》」に、TikTokのロゴが入らないようにするという機能を用意した。言い換えれば、「TikTokのロゴがついていると他のプラットフォームにアップしづらい」というクリエイターの気持ちを察し、ロゴがなくてもTikTokスタイルの縦型動画を作れるようにしたのである。

YouTubeショートやInstagramのリールなど、ショート動画のディストリビューションといった流通の場所はますます多様化している。その結果として、CapCutやTikTokを使ってショート動画を作るクリエイターの数がもっとも伸びていることを考えると、バイトダンスは、ショート動画クリエイターと深い信頼関係を作っていくことを優先しているように思える。

こうしたショート動画ブームのもう1つの要因として、スマートフォンの定着により、自撮りへの抵抗感が薄れているという背景がある。

いわゆるインターネット初期の時代には、自分の本名や顔をネットに「晒す」ことを「恥ずかしい」と感じる人が多かった。その世代の人から見ると、現在の「自分の顔面を晒しまくるショート動画の世界」は、非常に違和感があるかもしれない。

ただし、これはおそらくジェネレーションの問題である。

YouTubeまでは、いわゆるミレニアル世代がプラットフォームの中心にいたが、TikTokを楽しんでいるのは主にZ世代。スマホネイティブでありソーシャルネイティブ、SNSがあるという前提のなかで育ってきた人々だ。子どもの頃から、堂々と顔出しで活躍するYouTubeクリエイターを見てきた世代だから、顔を出すことに対する前提がすでに違うのである。

僕はミレニアル世代（1981〜1996年頃に生まれた世代）に属するが、この世代はテレビとインターネットが半々くらいの世界で育ってきたせいか、「顔面晒し」を許容できる人とできない人が入り交じっているように感じる。

しかしZ世代からすると、ショート動画に現れるエフェクトをかけた自分というものは、自分であって自分ではない、アバターのような存在であるようだ。

つまりフィルターやエフェクトで、リアルな自分をアバター化することで、「全世界に向けた顔面晒し」が恥ずかしいことではなくなるのだろう。彼女／彼らにとって、デジタル世界にアップする自分は、2・5次元的な理想像なのかもしれない。

α世代の将来は誰もがクリエイター？

㉓デジタルネイティブの生態理解が、効果的なコンテンツ制作につながる

今、ショート動画を牽引しているのはZ世代であり、この流れを受け継いでいくのは、その下のα世代（2010〜2024年頃までに誕生の世代）だ。ここで新世代の感性について、少し掘り下げて考えてみよう。

まず「情報の受信」という観点からいくと、Z世代とα世代は、テレビ画面にYouTubeを映して見るのが当たり前になっている。

リビングのテレビで普通の電波放送を流していると、「なんでこれは途中から始まるの？」「なんで最初から見られないの？」なんて言ってくるのがα世代だ。

彼女／彼らにとっては、フロー型のテレビ番組よりも、ストック型の動画の方がより親しみがあって、逆に言うとフロー型のコンテンツに慣れていない。そういう情報受信に親しんでいるがゆえに、情報発信においても動画のネイティブとして対応できることは、α世代ならではの大きな強みだ。

Z世代以降には、何かを発信するときに「ショート動画」として発信する素養がある。

α世代のお子さんを持つご家庭では、「子どもが何か説明しようとすると、突然YouTuberっぽく喋りだす」といった話をよく聞く。「このヨーグルトがおいしいのは、なんとイチゴが入っているからなんです！」……とかね。

人に見られていることが前提で、まるで自分を捉えているカメラがそこにあるかのように発信をする。要は、自分の振る舞いがヴィジュアルコンテンツになったときに、どうなるかを逆算してやっているんだ。

そうした認識は、従来は一部のテレビに出られる人しか持ち得なかった。

しかし今、多くの家庭では、写真だけでなく子どもたちの動画を盛んに撮っている。そんな生活のなかで、YouTuberやTikTokerになった自分を想像したり、真似をしている自分を動画で見たりして、繰り返しPDCAを回すことで磨かれた能力なのだ。

ショート動画を繰り返し見る行為——それは彼女／彼らにとって、発信者としてのトレーニングをしている状態に近いのかもしれない。

短いことは、コンテンツにおける絶対的な正義なのか？

昔ならば、人に何かを伝えるためには文章を書く必要があった。

本を読んでインプットし、文章としてアウトプットすることを続ければ、良い文章が書けるようになる——君もそんなふうに、学校や職場で言われてきたのではないかと思う。字を書く、つまりテキストコンテンツを作るのはコストゼロでできることだから、文章のトレーニングはやろうと思えば誰でもできた。

しかし、動画を撮るためにはビデオカメラが必要だったため、多くの家庭では一般的ではなかった。それを可能にしたのがスマートフォンだ。

情報受信もスマホ、情報発信もスマホ、という状況下で動画の訓練を積んでいるZ世代とα世代は、僕らが見たこともないコンテンツを創造する可能性が極めて高い。

かつて文章を発表するチャンスのなかった人が、ブログという場を得て「ブロガー」となり、新しい作家がたくさん生まれたように、近年ではTwitterから作家が生まれるムーブメントが活性化している。同じことが、これから映像・動画クリエイターの世界でも起きていくことは間違いない。

その上で、よく聞かれる「短いことは正義なのか?」という問いに、僕なりに答えてみたい。

いわゆるコスパ（コストパフォーマンス）、タイパ（タイムパフォーマンス）に加えて、最近ではメンパ（メンタルパフォーマンス）やアテパ（アテンションパフォーマンス）など、可処分マインドへの注目が高まっている。

「人が注目する（アテンションを向ける）」ということは、コンテンツの世界でどのような意味を持つのだろうか？

㉔ビジネスモデルに応じて、コンテンツの最適な長さを調整

例えば音楽の世界では、今ヒット曲の多くは3分前後の長さになっている。

イントロがなく、いきなりサビを持ってくる傾向は、音楽のサブスクリプションサービスにおいて、最初の30秒を聴いてもらわないと収益が音楽会社に入らない、という仕組みが影響している。

作り手側としては、離脱する前に30秒はなんとしてでも聴いてほしい。そのような欲望から生まれ、ムーブメントと化したのが、イントロが限りなく短いか、あるいはイントロなしでズドンと一気にメインの旋律に入る構成の楽曲たちだ。

「サビ頭（曲の冒頭にサビがくること）」「ギターソロなし」など、かつて長大なイントロやギ

ターソロに慣れ親しんでいた、トラディショナルなロックンロール全盛期の音楽ファンが驚くような、楽曲の変化が起きているのである。

とはいえ、これは今に始まったことではなく、同じようなことは昔もあった。レコードの時代からＣＤの時代になったとき、サビ頭の曲がとても増えたのだ。これはなぜかというと、ＣＭタイアップソングがヒットの常連になったから。

例えば、ヒットメーカーであるミュージシャン・音楽プロデューサーの小室哲哉《こむろてつや》氏の曲は、当時ほとんどがサビ頭だった。

ＣＤの時代の音楽を買うという行為を、カスタマージャーニーっぽくまとめてみよう。学校帰り、君は制服のままＣＤショップに駆け込む。備えつけられた新譜の試聴機で、曲の冒頭を聴いていく。レコードと違って、ＣＤは曲送りしたら必ず頭出しされている。便利で最高だ。いずれ君は「ＣＭのあの曲だ！」とお目当てのＣＤに行き着き、購入に至る。

このように視聴するメディアや全体のビジネスモデルによって、コンテンツの形は定義されていく。２０２０年代において、コンテンツの量は過去の２０００年代、２０１０年代と比べて爆発的に増えている。

その結果、ユーザーのコスパ・タイパの面ではもちろんのこと、コンテンツの作り手側の経済合理性から言っても、「短さは正義」の流れは確実にきていると考えられる。

これまでYouTubeの世界では、ミッドロール――8分以上の動画のなかに広告を差し込むシステムが正義とされてきた。

しかし、2023年2月からショート動画の収益化がスタートし、ショート動画にも広告を差し込むことができるようになったことで、ショート動画のクリエイターはますます増えていくはずだ。

Z世代以降は情報を浴びる量が非常に多いため、Netflixのようなコンテンツですら倍速で視聴する習慣があり、情報の処理能力自体が上がっている。僕らが1970～1980年代の映画を観ると、テンポが遅いと感じるように、「速さ」の基準そのものが変わってきているのだ。

短さだけではなく、情報の圧縮という要素も含めて、僕が『動画2・0』で提唱したIPTが加速化しているとも言えるだろう。

ビジネスモデルが変われば、受け取り手も作り手も、その流れには抗えない。

「ギターソロが始まったらスキップする若者」を「怠惰」と断罪できるのは、山下達郎《やましたたつろう》氏のような、自分の音楽を決してサブスク配信しないことを決めている巨匠だけだろう。

そういうわけで、長めの持論を展開しておいてアレなのだが、僕の結論は**「短いことは正義」**だ。「持たざる者」にとっては、その流れを利用することがチャンスにつながるだろう。

ショート動画全盛の時代を切り拓《ひら》いた3メディア

YouTube・Instagram・TikTokによるメディア革命

	YouTube	Instagram	TikTok
コンセプト	個人のメディア化	個人とノンバーバルコンテンツの接続	個人の誰でもクリエイター化
チャレンジ	ヴィジュアル前提の情報発信	ハッシュタグで人々の興味をつなぐ	レコメンドエンジンという発明
成果	顔面が映ることのメリットを浮き彫りにした	検索エンジンに対するカウンター	アテンションを得る平等な機会を提供

YouTube・Instagram・TikTok。

Chapter2の締めくくりとして、ショート動画の時代を確立させたこれらの媒体の特性を、改めてまとめておきたい。

㉕YouTubeが成し遂げた「個人のメディア化」

2005年に誕生したYouTubeが開拓したのは、YouTuber個人による発信のコンテンツ化だった。

それまではインターネット上のプラットフォーム、ブログやTwitterが個人発の発信の舞台となっていたが、基本的に主体はテキストだ。

そこに「ヴィジュアル」という新たな要

素を持ち込んだのが、YouTubeだったと言える。

結局、人間には「人間の顔に興味を持つ」という習性がある。YouTubeにはいろいろなサムネイルのスタイルがあるけれど、顔が映っているものと、映っていないものとでは、CTR（Click Through Rate：表示回数に対するクリック数の割合）がまったく違う。顔があるサムネイルの方が圧倒的に強く、つまりクリックするかしないかという視聴者の行動が、顔のあるなしで大きく変わるのだ。

視聴者は、コンテンツで語られている内容以前に「その人の顔」――つまり「その人自身」に興味がある。この本質を炙《あぶ》り出したことは、YouTubeの偉大な発見だった。そうやってYouTubeは個人のメディア化を成し遂げ、今のクリエイター時代の口火を切ったのだ。

㉖Instagramが編み出した「ハッシュタグ」でつながるヴィジュアルワールド

次にInstagramだが、初期のインスタは「人」というよりも、フィードやウォールの統一感や、「インスタ映え」という言葉に代表される世界観で人々を魅了した。

何よりハッシュタグを確立させたことは、Instagramの大きな功績だ。もちろんブログの時代にもハッシュタグはあったが、テキスト主体のプラットフォームにおいては、そこまで意味を持たなかった。「テキストなんだから〝検索〟すればいいじゃないか」と思う人が多かったからだ。

しかしInstagramのように、ノンバーバル（非言語）の要素が強いプラットフォームで、かつ興味の対象が「人」よりも「トピック寄り」になっている場所では、ハッシュタグこそが人と人、人の興味をつなげていく。Instagramはまさに、ムーブメントの新たな波動力を生み出したのである。

Instagram以前の世界では、「スニーカーが好き」「インテリアに興味があります」と発信しても、テキストでしか返信がなく、物足りないコミュニケーションだった。そこにInstagramは、ハッシュタグとヴィジュアルの組み合わせによって、いろいろな人が持つそれぞれの世界観とつながることができる場所を作り出した。ハッシュタグのテンプレとして頻出する「#○○好きとつながりたい」は、その象徴と言える。

Instagramが登場するまで、検索エンジンはGoogleがずっと強かったが、Instagramはハッシュタグによってカウンター的存在となっていく。

ヴィジュアルによるイメージソースを探したり、お店や洋服のような〝新しいものを発見する場所〟として、Instagramは抜群に優れている。それによって、インスタグラマーという存在も誕生した。

インスタグラマーは、1つの投稿にハッシュタグを大量につける。「みんなの興味軸のなかで発信している、個人としての私」というような立ち位置で、インスタグラマーはインフルエンサー化していくのである。

これは、YouTuberとはまた違った山の登り方だ。YouTubeの世界で「人」が重視され、「その人がやる面白いこと」を目当てに視聴者が集まるのだとすると、Instagramでは何よりも先に「世界観」があり、「そこに紐づく私」として個人が表現されている。

㉗TikTokが発明した「レコメンドエンジン」による出合い

TikTokの偉大な発明といえば、まずは「レコメンドエンジン」だろう。

TikTok以前、YouTubeやInstagramのクリエイターの戦い方では、フォロワーがたくさんいる人がとにかく強かった。

しかしTikTokでは、レコメンドエンジンと呼ばれる機械学習の技術によって、ユーザーが何もしなくても好みの動画が次々に表示される。まさにTikTokのキャッチフレーズの通り、「きみが次に好きなもの。」との出合いを演出してくれるのだ。

それによってTikTokでは、多くのフォロワーを持つクリエイターでなくても、「今日新しくTikTokを始めました」といった初心者の投稿でさえ、たくさんのユーザーに見てもらう機会が得られる。つまりTikTokは、誰もがアテンションを得る機会を広く生み出し、かつそのチャンスを平等にしたところに真のすごさがある。

その後押しもあり、新しい何かを発信したい人が集まり、彼女／彼らはTikTokが用意したエフェクトやフィルター、音楽といった仕組みに助けられながら、一気にクリエイターへと駆け上がっていく。

クリエイター人口を飛躍的に増やすことに成功したことが、TikTokの躍進の秘訣と言えるだろう。

Chapter 3

ショート動画を活用し、ヴィジュアルで語ることの3つの優位性

㉘たくさんの言葉よりも本質的な、たった1つのヴィジュアルで表現する

君は今、ランチを食べに最近話題のお店に入ったところだ。席に着くと同時に、誰もが忙しく指を動かしている。

この店で何を頼むべきなのか？　それを調べる先は、もはやグルメ情報サービスではない。インスタや TikTok がその対象だ。

1つのヴィジュアルは、100の言葉よりもその本質を映してくれる。どんな飾り立てた美辞麗句も、誰かのスマートフォンを通した現実の前には無力だ。こうして僕らはパンケーキとトッポギを喰《く》らい、飲食店は「インスタ映え」するメニューを開発し続ける。

グルメ情報サービスだけではない。料理のレシピサービスも今、転換点を迎えつつある。

テキストからヴィジュアルへのシフトチェンジ

テキスト	▶▶▶	ヴィジュアル
Google	**検索エンジン**	YouTube
文章	**芸術**	絵画・写真・映像
五線譜	**音楽**	レコード・CD・音楽配信サービス
テキストレシピ	**食**	動画レシピ
食べログ	**飲食店探し**	Instagram・TikTok

「塩をひとつまみ……そこに醬油を少々……」といったテキストが並ぶ有名レシピサービスは今、有料会員の減少に苦しんでいる。

Googleトレンドで「レシピ」の検索動向を見てみると、コロナショックによる外出制限が厳しくなった2020年5月を境に、世のなかでは一気に需要が高まっていることがわかる。

しかし、そのタイミングでもっとも事業が成長したのは、老舗のテキストレシピサービスではなく、動画レシピサービスの方だったというわけだ。

㉙「テキスト優位バイアス」から抜け出すための知識と勇気を持つ

SEO（Search Engine Optimization：Google検索エンジンなどの最適化。以下、SEO）をパイプラインとして頼る、従来のテキストコンテンツを中心としたネットメディアは、ビジネスモデルの崩壊を迎えている。Google検索の一強時代は終焉《しゅうえん》したのだ。

さて、ここで君に質問だ。

世界第2位のシェアを持つ検索エンジンは、一体どこだと思う?

それは他ならぬ、Googleが有するYouTubeだ。YouTubeは動画共有サービスであり、世界最大の動画検索エンジンなのである。

この世のなかで「テキストが最適な表現である」と言い切れる対象は、僕らが思っていたよりも実はずっと少ない。

だけど、かつて〝録音〟ができない時代に、音楽家たちがやむなく〝五線譜〟に自らの音楽を書き留めて記録したように、記号を含むテキストを使って伝えるしかない時代が長く続いた。それもなんと500年以上におよぶ、気の遠くなるような長い時間だ。

君が見ている景色をそのまま伝えられるヴィジュアルの魔法は、リュミエール兄弟がシネマトグラフを生み出す1900年代になるまで、この世にはなかった代物だ。しかも、その後もそれを扱えたのは、映画業界やテレビ業界といった一部の特権を持つ人々だけときている。

そんな前提に慣れきっているからこそ、僕らは「テキスト優位」の固定観念からなかなか抜け出せない。

2019年に、前述の有名レシピサービスの社員に「御社も動画対応したらどうですか?」と投げかけたら、「レシピ動画は一見わかりやすいんですが、初めて料理にチャレンジする人が失敗しちゃうんですよね! だからやっぱりテキストが一番です」と気持ちよく言い切られて、思わず妙に納得させられてしまったことがあった。

今となっては、あのとき一瞬でも納得した自分が恥ずかしい。

マーケットシェアの拡大を考えるなら、料理を作って失敗するかどうかは、確率論的にさしたる問題ではない。これまで料理をしてこなかった人が、レシピ動画をきっかけにチャレンジしてみる、一番ハードルが高い最初のトライをやってみようと思える、結果として料理人口が増える――そのことの方がずっと大事なはずだ。

テキストベースのレシピより動画のレシピの方が、新規顧客獲得において優位なことは、誰でも疑いようがない。そのはずなのに、「動画」というテーマに誰よりもポジションをとっている僕でさえ、その業界の人が語る固定観念の前には、ちょっと弱気にさせられてしまう。

それほどに、この**「テキスト優位バイアス」**は強固なのだ。

㉚先入観を断ち切り、時代の求めに応じたビジネス形態を模索する

君が今やっている仕事や業界も、実はあらゆるシーンがこのテキスト優位バイアス

に支配されている。

「これ、動画でやったらいいいんじゃないか？」

こんな問いを100回投げかけ続けるなかに、次のチャンスは転がっているし、それを摑《つか》めるかどうかは、他ならぬ君にかかっている。

なぜならば、誰もがテキスト優位バイアスによって、動画の可能性を過小評価しているからだ。日本最大だったレシピサービスに多くいたはずの、ベスト&ブライテストな人たちですらそうだったのだから。

フィットネス業界も、コロナショック時に動画によって大きく変化した領域だ。

かつては「オンラインレッスンなど絶対に流行ることはない」と業界のなかで言われてきた。そもそも対面で実演することがサービス提供の前提だと考えられていた領域で、「オンラインなんて誰が金を払うんだ？」と疑問視するのは、ある意味当然かもしれない。

しかし、ここで重要な事実を2つ紹介しよう。

まず、2020年に新たに頭角を現したYouTuberやインフルエンサーの多くが、宅トレ（自宅でできるトレーニング）を中心としたフィットネス系クリエイターだった。

加えて、動画配信をサービス提供の軸に据えたオンラインヨガ・オンラインフィットネス系のスタートアップが、このコロナ禍で大きな成長を遂げた。

この2点を踏まえれば、オンラインレッスンを真っ向から否定する先入観が誤りだったことは明白だろう。実店舗型のスタジオを経営していた有名トレーナーも、今やオンラインレッスンを中心にした事業形態へと転換しているくらいだ。


「テキストの方が伝わるはずだ（今までそうだったから）」

「やっぱり対面じゃなきゃ（今までそうだったから）」


こうしたテキスト至上主義や対面至上主義は、それまでの誰かの先入観による思い込みから作られた、断ち切るべき古い因習なのだ。

㉛流動性・情報性・信頼性こそが動画のベネフィット

君は知っているだろうか？

アメリカでは、同時多発テロによる飛行機の運航停止をきっかけに、オンライン会議が盛んになり、その後定着したことを。

この一例に限らず、動画はあらゆる分野に不可逆的な変化をもたらす可能性を秘めている。今やどのような仕事においても、新規ユーザーとの接触点はSNSのなかにある。SNSの主役はテキストでも対面でもない、動画なのだ。

動画を活用し、ヴィジュアルで語ることの優位性を理解すれば、君がやりたいことに向かう道のりを倍速で進ませてくれる乗り物が手に入るのだ。

そんな動画のベネフィットとは、以下の3つの分類に整理できる。

①流動性

テキストよりも動画の方が、SNSを通してさまざまなユーザーにコンテンツを届けられる。コンテンツをデリバリーするチャンスが広がれば、そのコンテンツが話題になる確率も上がる。

②情報性

テキストよりも動画の方が、文字情報以外の表現（視覚や聴覚）を活用でき、時間あたりの伝えられる情報量（IPT）が高まる。

③信頼性

テキストよりも動画の方が、コンテンツ発信者の存在感をより強調できる。結果として、発信者に対するユーザーからの信頼が得られやすくなる。

このChapterでは、こういった動画が持つ優位性を、君がビジネスシーンで活用するためのベースとなる考え方をインプットしていく。

それらはきっと、君の助けになるはずだ。

かつて地上に、これほどまでにカメラのレンズと、誰かの創作物を映すスクリーンが満ちた時代はないのだから。

SNSの主役は
テキストから動画へと変わった

▶

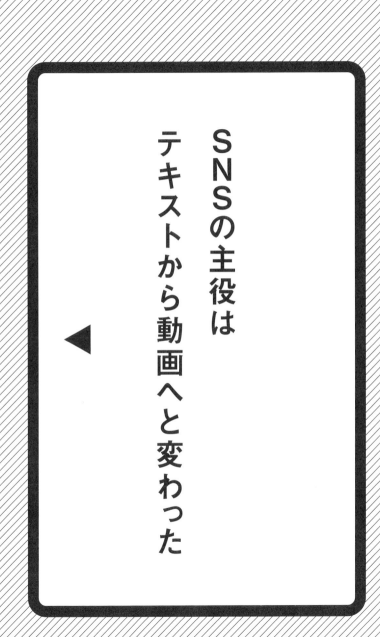

この章では、SNSの主役がテキストから動画に変わり、あらゆる分野に不可逆的な変化をもたらしつつあることを、「テキストvsヴィジュアル（動画）」という観点から確認していく。

ヴィジュアルで語ることを活用していたのは、現代に生きる人々に限られた話ではない。例えば、プロパガンダという言葉がある。これは、情報戦や心理戦という意味がベースにあるが、宣伝戦、世論戦というふうに政治的なニュアンスを持つことも多い。

そもそも宣伝や広告、PR活動はプロパガンダの一部であるが、なんせこの言葉は現代において印象が悪いので、日常であまり使われることはない。なぜなら、プロパガンダを駆使して国威発揚し、自らの支持率を高めた政治団体の存在があったからだ。国家社会主義ドイツ労働者党、すなわちナチスである。

1900年代初頭から2000年初頭にかけて、ドイツにレニ・リーフェンシュタールという天才的な映画監督がいた。

彼女の作品に感動したヒトラーは、党大会の記録映画を依頼する。そうして何本かの映画が作られたのだが、そのなかでも『意志の勝利』（1935年）という作品が後世に及ぼした影響は凄まじい。

そもそも、ヒトラーの演説の記録映画のはずなのに、演説の中身は大胆にも大幅にカット。話の中身が伝わるかどうかではなく、カッコいいと思える部分を「切り抜き動画」的につないでいる。

撮影も当時としては超斬新な、レールを使った移動カメラを駆使して、記録映画なのに芸術的な美しさがある。引きの撮影もすごい。北朝鮮の映像で頻出する軍隊の行進や、マスゲームのあの感じの一番すごいヤツにして原点が、この映画にはバンバン登場する。

ローリング・ストーンズのボーカル、ミック・ジャガーは、ライブ前に自らの気持ちを高めるために『意志の勝利』を何度も鑑賞したという噂まであるが、それほどまでに『意志の勝利』は、ヴィジュアルのパワーに溢れている作品なのだ。

ヒトラーは、そういったヴィジュアルで語ることの優位性を理解していたがゆえに、自分の演説の中身はよくわからない、だけどとんでもなくカッコいい映画に莫大な予算を支払い、それを自らの目的のために活用していたのだ。

ヒトラーが自ら執筆したテキストコンテンツである『我が闘争』(1925年)と、彼が自ら主演をつとめたヴィジュアルコンテンツである『意志の勝利』、どちらがナチスの支持者を増やすことにつながったか？　なんていうデータは存在しないのだが、僕の考えでは『意志の勝利』の方がより貢献度が高いような気がする。

繰り返しになるが、とはいえヴィジュアルコンテンツを作るには当時、大変な費用がかかった。ちなみに前述の『意志の勝利』では、撮影のためだけに党大会そのものではまったく利用しないエレベーターが作られている。欲しい画《え》を撮るためだけにエレベーターを作るようなお金のかけ方であり、想像もつかない予算感だ。

僕が伝えたいのはお金をかければすごいものが作れる、ということではない。

従来、お金がかかっていたヴィジュアルコンテンツ作りのコスト面が、テクノロジーの進化や創意工夫によって限りなくゼロに近づいたことによって、個人でもヴィジュアルによって人を惹きつけるパワーを活用できるようになったということだ。それによって、さまざまな分野でかつてない変化が起きている。この本で伝えたい重要なポイントがそこなのだ。

さて、ここで最近、僕自身が「テキストから動画へ」という時代の変化を強く感じたエピソードについて語らせてほしい。

㉜言語化できない魂の叫びまでをもヴィジュアル化する

多くの人が熱狂した「FIFAワールドカップカタール2022」。日本対ドイツ戦が間近に迫った、ある夜のことだ。

『動画2・0』の編集者であり、僕の友人でもある箕輪厚介氏は、ある経営者のプライベートジェットに同乗してカタールに飛ぼうとしていた。

ところが、入国に必要な電子ビザの申請がシステムダウンなどの影響で間に合わず、1人だけ飛行機に乗ることができなかったのだ。

箕輪氏はそのまま、プライベートジェット用の離発着場から「カタールに行けませんでした。」という7分くらいの動画をアップする。時刻は深夜2時頃。飲み会を終えて帰宅した僕が何気なくスマホを開くと、少し前に投稿された彼の動画の通知が来ていた。

本当はカタールに行けるはずだったのに行けなかった、どうやってもドイツ戦には間に合わない。それを訥々《とつとつ》と語る、彼の魂の叫びのような動画だったわけだが——これが本当に面白かったのだ。

こういった衝撃的な出来事、いわゆる「ネタになること」が起こったとき、以前の箕輪氏であれば、その一部始終をテキストで発信していた。

彼の著書『死ぬこと以外かすり傷』（マガジンハウス、2018年）には、インドで強盗に遭いそうになったときの話が出てくる。このときも彼は「この経験を一刻も早くコンテンツにしたい」と、インドのインターネットカフェからmixiに文章を投稿していた。

あれから20年が経った今、彼はネタになりそうな経験をYouTube動画としてアップしている。パソコンからではなく個人のスマートフォンで、その瞬間の気持ちをみんなと共有し、深夜にもかかわらず何千回も再生されている。

僕はこのとき、「テキストから動画へ」という時代の変化をまざまざと感じた。

今回のワールドカップでは、何か大きな出来事があったとき、人々が大手のメディアではなく、個人のTwitterなどを確認するスタイルへと変わってきている、という気づきもあった。

僕自身、日本がスペインに勝ったとき、最初に見たのはやはり箕輪氏のTwitterだった。大手のニュースメディアやサッカーメディアではなく、自分がよく知っているサッカー好きが、この勝利をどう受け止めているのかを知りたかったのだ。

彼がTwitterに投稿していたのは、試合に勝ち、歓喜している瞬間の動画だった。カタールに行けなかった悔しさも、スペインに勝った嬉しさも、動画なら言語化できない魂の叫びまで伝えることができる。

これぞまさに、テキストコンテンツに対するヴィジュアルコンテンツの優位性だと言えるだろう。

SNSを活用する上で知っておきたい、動画に秘められた3つの偉大なパワー

▼

なぜ今、これほどSNS上のコミュニケーションがテキストから動画へと傾斜しつつあるのだろうか？

ここでは、「流動性・情報性・信頼性」という3つのポイントから、動画で語ることの優位性を詳しく分析していく。

㉝流動性：デバイスと個人の嗜好が細分化される今、情報の届け方が肝になる

「テキストよりも動画の方が、SNSを通してさまざまなユーザーにコンテンツを届けられる。コンテンツをデリバリーするチャンスが広がれば、そのコンテンツが話題になる確率も上がる」

映像から動画へというコンテンツの変化を考えるとき、僕がよく思い浮かべるイメージがある。まだテレビが普及していなかった1950年代、街頭テレビの前に群がり、空手チョップを繰り出すプロレスラー、力道山《りきどうざん》の勇姿を夢中になって観ている人々の姿だ。

やがて一家に1台テレビが行き渡り、テレビ番組が「お茶の間」単位で視聴されるよう

オールドメディアと動画の比較

［オールドメディア］　　　　［動画・SNS］

一家に1台	1人に1台
・テレビ、ラジオなど	・スマートフォン、タブレットなど
・同じ時間に、同じプラットフォームで、同じコンテンツを視聴	・異なる時間に、異なるプラットフォームで、異なるコンテンツを視聴
・コース料理のように腰を落ち着けて一連の流れのなかで味わう	・ハンバーガーのように歩きながら、片手でいつでも食べられる

になると、街頭テレビは姿を消していく。テレビは、リビングと個人の部屋の両方に置かれるようになり、さらにはパソコンやスマートフォンの浸透によって、1人が1つスクリーンを持てるようになった。

こうなると、みんなが同じ時間に同じコンテンツを見るのは、よほどのビッグイベントのときだけだ。各々が各々のタイミングで、異なるプラットフォームでコンテンツを楽しむ時代に、ボリュームのある映像を多くの人に届けることは、作り手にとって極めて困難なことになってきている。

しかしSNSを介して拡散する、流動性に優れた動画というパッケージなら、そんな離れ業も不可能ではない。

動画とは、料理にたとえるならハンバーガーのようなものだ。片手で持つことができ、いつでも簡単に食べられる、そして旨い。

それに対し、書籍やテレビ番組は、できれば腰を落ち着けて楽しみたい類のコンテンツだ。こちらは料理にたとえるなら、豪華なコース料理だろう。

テレビにもサクッと見られるものもあるよ！ という反論もあるかもしれない。けれどもそれは、ざる蕎麦みたいなものじゃないだろうか。サクッと食べられるけど、持ち運びながら片手で食べることはできない。

旨いものが携帯可能になったことで、人々はどこにいても、どんなタイミングでも、それら――つまり、さまざまなコンテンツを味わえるようになった。ショート動画を見るためのプラットフォームも、TikTok・Instagram・YouTube、あるいはブログやウェブサイトのなかに埋め込まれた動画のプレーヤーなど、よりどりみどりだ。

これが動画ではなく本だったら、たとえデジタルでもKindleのような端末やアプリを開かなければならない（かつKindleから引用してTwitterに貼ろうとすると、これがまた非常に面倒くさい）。

その点、動画ならURLをコピペしたり、動画のデータをアップするだけでどこにでも持ち運べる。つまりコンテンツを届けたい人にとっては、テキストよりも動画を選択した方が、はるかに効率的なのだ。

㉞情報性：凝縮された情報量と、それらを五感に訴えかけることのメリット

「テキストよりも動画の方が、文字情報以外の表現（視覚や聴覚）を活用でき、時間あたりの伝えられる情報量（ＩＰＴ）が高まる」

そもそも「こういう話を動画でやらずに本でやるのは、自己矛盾じゃないか」と思う人もいるだろう。僕もこうして本を書くくらいだから、体系的な知識や情報を届けたいときの本のパワーは承知している。

しかし、コンテンツを一つひとつ分解して伝えられるような場合には、やはり動画が持つ情報性、ＩＰＴには敵わないのではないかと思う。

動画は文字情報以外の情報を、視覚や聴覚といったいろいろな手段で伝えることができ

る。「そこに黒い服を着た男が立っている。その男が恐ろしい形相で、ゆっくりとこちらに向かって歩いてくる」といった描写も、ヴィジュアルなら一発で表現することが可能だ。元来「テキストで伝えづらいもの」が、世のなかにはたくさんある。それは何かというと、非言語の情報である。

例えば音楽は、五線譜のままでは聴くことができない。もしモーツァルトが現代に生きていたら、音楽は音楽のままに、動画に撮影して残したのではないだろうか。つまり音楽を音楽のまま残せないから、五線譜が発明された。

前述のように、料理を作る過程をそのまま残せないから、レシピが開発されたのだと考えてみてほしい。

世のなかには、そのままでは残せない非言語の情報がたくさんあったからこそ、あらゆる物事をテキストに残そうという挑戦が行われてきたわけだ。

しかし今は、動画にすれば視覚や聴覚に関わる非言語情報をそのまま残すことができる。そのＩＰＴが膨大であるがゆえに、これから多くのテキストが動画に置き換えられていき、その流れはもはや止められないのだ。

㉟信頼性：コンテンツ発信者の存在を明確にする

「テキストよりも動画の方が、コンテンツ発信者の存在感をより強調できる。結果として、発信者に対するユーザーからの信頼が得られやすくなる」

動画とテキストを比較すると、テキストにはもう1つ弱点がある。それは、「何を誰が書いたのか」という証明がしづらいことだ。

この数年、GoogleのSEOを悪用したフェイクニュースや、最後まで読んでも結論がない「○○について調べてみた」系のブログ記事を目にすることが増えてきた。これが芸能人のゴシップだけではなく、医療情報にまで飛び火して起こったのが、「WELQ《ウェルク》問題(※)」だ。

医療情報サイト「WELQ」には「肩こりの原因は何？　それって幽霊かも」といった内容の伝説の記事があったわけだが、あれも発信者がアノニマス(匿名)だからこそ公開できたものだと思う。コンテンツ発信者個人の存在が見える仕組みがあれば、炎上やバッシングの可能性もあるため、あれほど無責任なコンテンツはなかなか作れない。

テキストを取り巻く状況は、AIの登場によってさらに厄介になっている。

既に、高精度AIであるChatGPTを使って大学にレポートを提出する学生も現れ、教授側は「AIが書いたのかどうか、見分ける方法がない」としている。現段階においてChatGPTは、普通に間違っていることをあたかも正しいかのように発言する。

そのため、それっぽくレポートが書けたとしても、結局間違っていたら評価はもらえないのが唯一の救いだ。

ChatGPTで、SEO記事制作を自動化できるツールを売るような事業者も出てきている。SEOに効果を発揮する文体は決まっているので、これもAIで代行しやすい部分なのだろう。

※WELQ問題――2017年に、医療情報サイト「WELQ」が医療デマのような不正確で低品質な記事を量産したとして炎上し、サイトを閉鎖。同様のSEO手法を用いるネットメディアのあり方も問われたことから、健康・医療分野の情報に関するGoogleの検索アルゴリズムが大幅にアップデートされた。

かつては、クラウドソーシングで大量のバイトが作成していたインターネット上のゴミみたいな記事を、今度は人間ではなくＡＩが担っていくというのは、なんとも皮肉な話ではないか。

今、動画――とりわけ個人発信の動画の情報を参考にする人が増えているのは、顔を出して発信をするということ自体が、アノニマスなコンテンツに対する一種のアンチテーゼになっているからだろう。

定期的にその人のコンテンツを見ていることから生じる親近感は、「〇〇さんが言っているんだから」という信頼や信用につながる。発信者の顔が見えていることで、信頼・信用が積み重ねられていく。YouTube や TikTok のクリエイターが、ファンコミュニティを作りやすい理由もそこにある。

映像から動画、そして
ショート動画へ——映像文法の
イノベーションをたどる

▶

映像文法のイノベーション

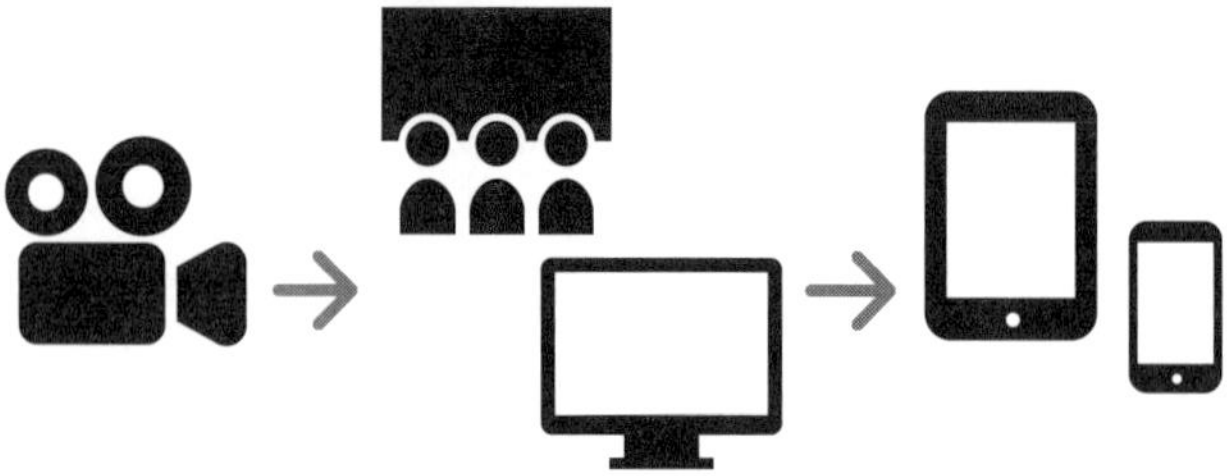

［映写］
・シネマトグラフの発明

［映画・映像・テレビ］
・映画やテレビが一大産業に
・画面サイズの大型化
・他の誰かと一緒に
・一気にコンテンツに触れる
・高単価傾向
・コンテンツ数は限られている

［タブレット・スマートフォン］
・iPhoneの登場
・画面サイズの小型化、ポータブル化
・自分一人で
・隙間時間にコンテンツに触れる
・コストは安価に
・無限に増えるコンテンツ数

1895年、フランスのリュミエール兄弟は、シネマトグラフと呼ばれる1台で撮影・映写・現像ができる装置を発明。

同年、工場から出てくる労働者の姿を映した映像作品、『工場の出口』を作った。世界初の映画と言われるこの作品は、今の僕らからすると退屈な記録映像にしか見えない。

しかし、ここから映像文法のイノベーションが始まる。映画やテレビが一大産業となり、映画のスクリーンもテレビの画面もどんどん大型化していった。

ところが2007年にiPhoneが誕生したことで、大型化の方向に発展してきた映像のスクリーンとコンテンツの作り方に変化が起きる。
映像の進化が、画面が小さくなる方向に反転したのだ。

㊱「最適なコンテンツ」のヒントは、ユーザーの視聴スタイルにある

この革新の本質は、画面が小さくなったことによる「人と映像の関係の変化」にあった。スマートフォンはただ画面を小さくしただけではなく、人間が映像コンテンツに触れる時間のセグメントを細かくしたのである。飲食店で料理が出てくるまでのスキマ時間や、電車を乗り換えるわずか1分の間でもコンテンツに触れるようになったことが、スマートフォンがもたらしたもっとも大きなインパクトだった。

いわゆる「ムーアの法則(※)」によって、コンテンツを再生する装置が小さく、安くなり続けるのと同時に、コンテンツは映像から動画、そしてショート動画へと、細かいセグ

※ムーアの法則――アメリカの半導体メーカー「インテル」の創設者の1人であるゴードン・ムーア氏が提唱した、「半導体の集積密度は18ヶ月から24ヶ月で倍増する」という経験則。

メントに分かれ続けていった。この流れは、現在の社会の変化にも通じている。

今の世のなかでは、基本的にあらゆるものが細かくなっていく。かつては経営資源である「ヒト・モノ・カネ」が充実している企業でしか提供できなかったサービスも、そのシステムや内容がどんどん細分化されていくことで、スタートアップでも参入できるようになった。

例えば、Uber Eatsのようなデリバリーサービスは、「配達員」という仕事がスマートフォンというデバイスによって細かく分解され、「ギグワーカー（単発の仕事を受けて働く人）」となったことで成立したものだ。個人と個人、あるいは個人と企業がモノやスキル、そしてサービスを共有するシェアリング・エコノミーの拡大によって、この流れはさらに加速していくだろう。

大きい単位のものが細かい単位になって、細かい単位になるがゆえにパーソナライズされていく。つまり、個人の趣味・嗜好に合ったものへと細分化されていくのだ。

これはコンテンツにおいても同様で、1人に1つ以上のスクリーンが行き渡り、みんなが自分のタイミングで好きなコンテンツを楽しめるようになったからこそ、SNS上に多くのクリエイターが現れ、より細分化したショート動画が求められるようになってきたとも言える。

自分一人でスクリーンを見るのなら、コンテンツのスピードも個人に最適化できる。

これがもし、祖父母がいる食卓でコンテンツを倍速で見ようとしたら、「速すぎてついていけない」とか、「もっとゆっくり流して」といったクレームがくるだろう。結局、テレビの編集スピードは「お茶の間」に最適化されているのだ。

なぜYouTube動画の展開が速いのか？ 時間の経過を飛ばしてつなぎ合わせる**「ジャンプカット」**の手法が生まれたのか？ と言えば、視聴者が若く、情報の処理速度が速いため、そこに最適化したからに他ならない。

これから個人のスマートフォンで、あらゆるコンテンツの再生速度を自由に調整できるようになれば、**「時間の主導権」**は完全にメディアから個人へと移ることになる。

そして、作り手がどれほどプラットフォームに最適化したコンテンツを作ろうとしても、受け取り手は当然のように2倍速、3倍速、あるいは0・5倍速……と設定を変えて視聴するだろう。こうした背景のもと、総じてコンテンツの時間軸は「加速」に適応する方向に進化していくのではないだろうか。

IPTに並ぶ
新たなコンテンツ指標
「パーソナル・アテンション」

㊲同じ目的意識を持った、密度の高いコミュニティを形成する

スクリーンが細分化され、各自が好きなものを好きなときに見るようになった世界では、コンテンツのIPTの高さはすでに必須条件となっているはずだ。

これに加えて、今後重要になってくるのはコミュニティであり、ヴィジュアルを伴ったコンテンツで、人々の注目を自分という存在に集めていくことでもある。

つまりIPTと並行して、新たな概念である「**パーソナル・アテンション**」が台頭してくるのではないか、と僕は考えている。

パーソナル・アテンションという言葉は、YouTubeのASMR動画（autonomous sensory meridian response：人間の聴覚や視覚を刺激する、ゾクゾクしたり、心地よくなる音を収録した動画。以下、ASMR）のタイトルによく入っているフレーズだ。

ニュアンスとしては、「あなただけのために」的な意味合いで使われている。単に情報の密度を濃くするだけではなく、明確なターゲット意識を持ち、密度の高いコミュニティを作っていけるような動画——すなわち、パーソナル・アテンションが意図されている動画

こそが重要になってくる。

今どき、単にメイク動画を配信するだけではファンコミュニティは生まれない。「一重の人向け」「プチプラ縛り」といった、何にフォーカスするのかを明確にしたクリエイターが、TikTokでは人気を集めている。

君の作るものにどんなパーソナル・アテンションを持たせるのか？　そして、それを考えるには、君がそもそもどんなパーソナリティ（個性）の持ち主なのかを理解し、活用する必要がある。

㊳「他者との違い」ではなく「どこが同じか」から勝算を見出《みいだ》す

ただ動画をテクニカルに作ればいい、という時代はもうすぐ終わる。長期的に見れば、そういう仕事は全部ＡＩがやるようになるからだ。

個人や企業、ブランドが生き残るには、自分にしか表現できないパーソナル・アテンションに向き合い、それをコンテンツにして表現し続けるしかない。無理なく続けられる、サステナブルなテーマは、自らのパーソナリティのなかにこそ存在するのだ。

それを考えるヒントは、自分が周りと比べて「どれだけ変わっているか」ではない。自分と周りの「どこが同じなのか」が、そのヒントになっていくだろう。二重まぶたの人には、一重まぶたの人のメイクの悩みはわからない。だからこそ、一重まぶたの人こそがそのコミュニティにおける圧倒的なインフルエンサー、この本の冒頭で表現した「柱」になれる可能性があるのだ。

このパーソナル・アテンションを活用した例を、後ほど詳しく紹介する。

「広まること」と
「伝わること」の本質は
大きく異なる

▶

㊴コンテンツの簡略化・ショート化・切り抜き化

2022年11月20日、『左ききのエレン』(原作版はcakes《ケイクス》にて連載、2016～2017年)で知られるマンガ家のかっぴー氏が、7年ぶりに『SNSポリス』(スタート時は『Facebookポリス』)の新作をTwitterに投稿した。

もともと広告会社でアートディレクターをしていたかっぴー氏は、『Facebookポリス』がTwitterやFacebookでバズって注目され、マンガ家になった人だ。しかし今回の新作で、彼はSNSのレコメンドエンジンにかなり思い切った毒を吐いている。

Twitterの「タイムラインがフォローしてない人のツイートばかりになった」「オレ達はこれからも……インターネットにおすすめされるがまま生きてゆくのか……!?」と憤る〝警部〟に、もう1人のキャラクターがこう指摘する。

「でも……みんな本当に好きなものを探す――時間がないんですよ……」「マンガは1話をツイッターに貼らないと認識もされないし」「無料でみられるユーチューブでさえショート動画でしかみてないチャンネル多い……」「食べやすいサイズにカットされる事

『SNSポリス』(かっぴー、2022年)

出典:『SNSポリス』(かっぴー、2022年11月、Twitterにて掲載)より一部を引用

「広まる」と「伝わる」をつなぐアテンション

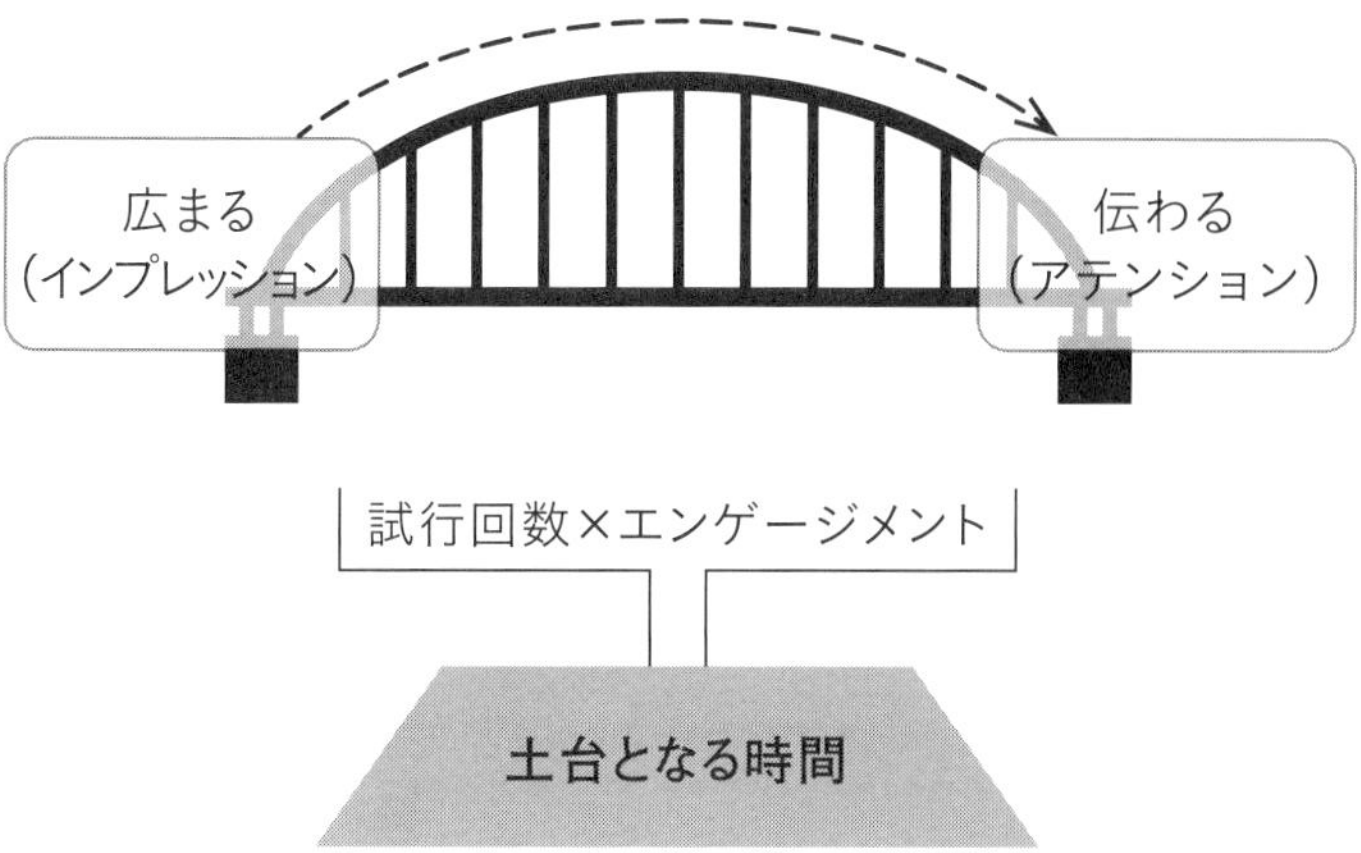

を許容したものから売れてゆく……切り抜きの時代(エイジ・オブ・ヒロユキ)!!!」と。

コンテンツの量が増大し、選択肢が増えすぎたことによって、忙しい現代人は「本当に好きなもの」を見つけられなくなっている。

〝警部〟が「広まる事と伝わる事は別……!!」と嘆息するように、昔は「広まる」に対する比重が高く、そこがほぼゴールだった。

しかし、今はまず「広まる」という1回戦を勝ち上がらないと、「伝わる」という2回戦に進むことができないのだ。

本書の大きなテーマの1つであるアテンションは、いわば「広まる」と「伝わる」の懸け橋に当たる要素だ。

ある程度、「広まる」というインプレッション数を勝ち得た上で、「この人、いいね」と思ってもらうというのが、インプレッションからアテンションへの流れの王道となる。

では、このアテンションをたくさん得るためにはどうするか。

これはシンプルに方程式で考えればいい。**「試行回数×エンゲージメント」**でしかアテンションは増えない。

つまり、コンテンツを簡略化、ショート化、切り抜き化し、その試行回数を増やしていく。そして、それを複数のプラットフォームで展開し、エンゲージメントを獲得すること。

これらは、アテンションを得るためには避けられない基本中の基本になっていくのだろう。

〝その他大勢〟にならないために、ショート動画で語る

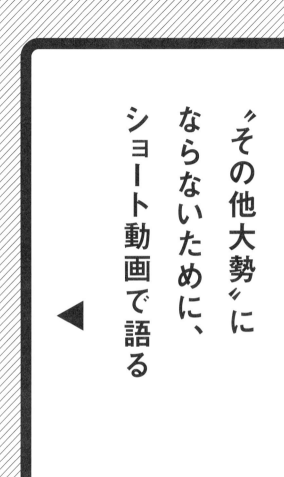

これは２０２０年のデータだが、１分間にYouTubeにアップされる世界中の動画の尺をすべて足すと、５００時間に達するという。１日だと約72万時間にもおよぶ。これを24時間で割れば、80年以上かかる計算になる。

つまり、たった１日分の動画を見ようとするだけでも、それだけで一生が終わってしまう、それくらい膨大な量のコンテンツが日々生み出されているわけだ。

これを、オールドメディアであるテレビ局が作り出すコンテンツ量と比較してみよう。日本の場合、全国に流通するコンテンツを制作する放送局は、ＮＨＫ、日本テレビ、テレビ朝日、ＴＢＳ、テレビ東京、フジテレビの６局しかない。これらが１日20時間分のコンテンツを作ると仮定すると、６局で１２０時間分にしかならない。

YouTubeの80年＝約72万時間に対し、テレビは１２０時間。この差は驚くべきものだ。今、僕らは広大なコンテンツの宇宙のなかにいる。このなかで〝その他大勢〟ではなく、明るく輝く星になったクリエイターには、ショート動画の優位性を活かしてアテンションを勝ち得たという共通点がある。

ここでは、３つの事例を通してその戦術を見ていこう。

㊵「旧芸能vs新芸能」――「好き」を獲得する仕組みの新旧比較

新聞、テレビ、ラジオ、雑誌のようなオールドメディアの時代には、人の目に触れること――つまり「露出」のチャンスを得るのは、非常に難しいことだった。

人々が1日のなかで触れられるコンテンツ量も、キャスティングボートを握っている人間(芸能事務所やテレビのプロデューサーなど)の数も限られていたからだ。

しかし今や、インフルエンサーやSNSクリエイターは、アテンションを生み出す自分自身の力によって、「露出」を勝ち得ることができる。短尺のショート動画であれば、投稿の負担も比較的低いため、毎日投稿し続けるクリエイターも少なくない。

ザイオンス効果(単純接触効果)と呼ばれる、同じ人やモノに接する回数が多いほど、その対象に好印象を持つようになる、という心理効果がある。

オールドメディアでたまにしか目にしない、キラキラした芸能人は憧れの対象にはなるが、単純に好きになって「応援したい」と思うのは、毎日何かしらのコンテンツを投稿してくれるSNSクリエイターの方だろう。「毎日顔を合わせる人を好きになる」という人

芸能人とインフルエンサーの違い

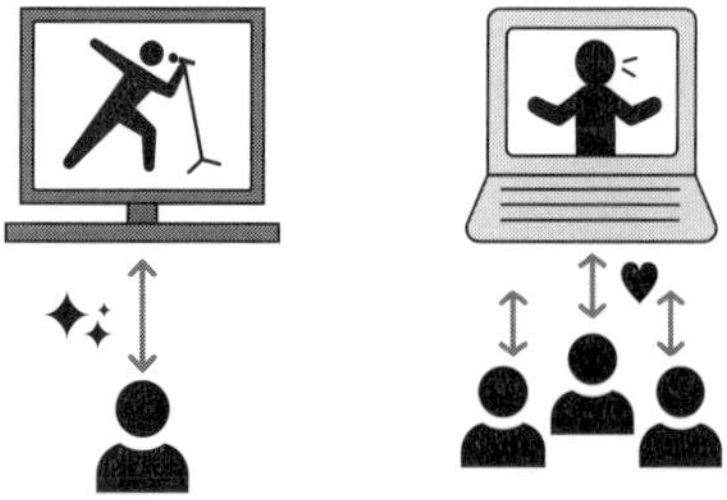

	芸能人	インフルエンサー
露出のチャンス	得にくい	得やすい
登場頻度	低い	高い
接触回数	少ない	多い
距離感	遠い	近い
ユーザーの心情	憧れ	応援したい

間のシンプルな心理と、SNSの仕組みは相性抜群だ。

その結果として、旧来のメディアで「露出」する芸能人よりも、SNSでアテンションを集めるインフルエンサーやクリエイターの方が、「好き」になってもらいやすいという現象が起きている。

㊶長尺にしか対応できない「限界YouTuber」は淘《とう》汰《た》されていく運命にある

かっぴー氏が指摘するように、今後コンテンツは細かく食べやすいサイズにカットしていかなければ、新しい視聴者を獲得することが難しくなる。

従来のロングコンテンツ——つまり、尺の長い動画で戦ってきたYouTubeクリエイターたちは、すでに岐路に立たされている。

ロングだけで戦っていると新規のファンが参入しにくいので、自分のファン層、視聴者層が固定化し、高年齢化していく。いわばテレビを主戦場とする芸能人に起きていることが、古参YouTuberと呼ばれるYouTubeの初期から活動しているクリエイターたちにも起きているのだ。

今さらショート動画には手を出せず、ずるずると旧来のロング動画を投稿し、やがて動画の投稿頻度が落ちてくる。そうなると、長年のファンも離れていくといった現象が起きる。

その一方で、TikTokのショート動画で腕を磨いてきたクリエイターたちは、続々とYouTubeショートに参入している。2020年のコロナ禍以降に、YouTubeでチャンネル登録者数を増やしたクリエイターの多くは、TikTok出身だ。

つまりYouTubeというプラットフォーム自体も、新しいインプレッションの機会は、ショート動画の方に遷移している。今後TwitterやInstagramも、ますますショート動画に力を注いでいくはずだ。ショート動画をやらなければ、「露出」の機会を得ることが難しくなっていく――これは個人だけでなく、企業も同じだ。

おそらくYouTubeは、いわゆるロング動画に対して一定の見切りをつけているのだろう。ショート動画が流行する以前から、若い世代にはYouTubeやNetflixを倍速で視聴するという動きがあった。

倍速で世界を見ている世代に対して、従来のコンテンツクリエイターたちは「そんなふうに早送りで見られるのは嫌だ」といったことを言う。

しかし、やはりそこには受け取り手の自由というものがあり、残念ながらクリエイターが視聴者の見方を強制することはできない。

時代に適応したクリエイターたちは、まさに昔からSF小説やアニメ『機動戦士ガンダム』で語られてきた、コンテンツ量が異次元の勢いで増えていく時代に対応したニュータイプなのだ。

今は倍速で驚いているけれど、これがα世代になれば、4倍速だって当たり前になるかもしれない。そういう過渡期にあって、今までロングだったものがどんどんショート化していく、切り抜きされていくことは、時代の必然なのではないだろうか。

㊷顔出しを恐れない者だけが濃いファンと経済圏を獲得できる

クリエイターエコノミーという経済圏は、明確にYouTubeやInstagramが登場してから形成されたと考えられている。

それ以前の、いわゆるWeb2・0の初期段階でも、ブログなどのCGM（Consumer Generated Media：掲示板や口コミサイトといった、ユーザーが参加してコンテンツを構成するメディア）サービスはあったけれど、当時からずっとブロガーやクリエイターとして活躍し続けている人は本当に少ない。

その1人がはあちゅう（伊《い》藤《とう》春《はる》香《か》）氏だが、彼女の何が画期的だったのかというと、顔出しを恐れなかったことではないだろうか。

多くのブロガーが文章だけで勝負をしていたなかで、当時女子大生だったはあちゅう氏は、現在のインスタグラマーやYouTubeクリエイターに近いような活動をブログという場で実践していた。

つまりファンコミュニティというものは、「顔面晒し」のリスクを負わないと生まれにくいものなのだ。クリエイターエコノミーを促進するのはファンコミュニティであり、ファンコミュニティがクリエイターの収益や事業を押し上げていく原動力となる。

君が「自分の顔」というヴィジュアルを活用しない限り、この状況のなかでクリエイターとしてアテンションを勝ち得ることは難しくなるだろう。

もし君が、顔出しをしないブロガーだったとしよう。UU（Unique User：一定期間内に特定ウェブサイトを訪れたユーザー数）が10万人、月間100万PV、年間1200万PVのブログを運営できたとしても、おそらく年間で稼げる金額は、240万〜360万円ほどではないだろうか（CPM平均を200〜300円と仮定した場合）。

しかし、君がヴィジュアルを出すリスクを取り、濃い10万人のファンがつけば、年商3億円を稼ぐことも夢ではなくなる。濃いファン＝コミュニティが必要としているものを、きちんとサービスや商品として提供していけばいい。

今や個人の年商が10億円規模に到達し、スターとなったゆうこす氏は、その好例だ。

アイドルをやめてSNSに活動の場を移し、ゆうこす氏は「モテクリエイター」というコンセプトを自ら提唱し、活動を続けてきた。

当初はアイドルメイクのテクニックを押し出そうとしたが、YouTubeの世界にはメイクで有名なクリエイターがたくさんいて、ニッチなアイドルメイクでは視聴者を摑めなかったという。それでゆうこす氏は悩みに悩んで、自らがやってきたことを抽象化したのである。


アイドルとして活動するということは、「モテを作る」こと。何者でもない自分が「モテる女子」を目指してアイドルになれたように、アイドルとは男女問わずみんなに愛される、「最強モテ人間」である。ならば私は「モテクリエイター」と言えるのではないか――そう彼女は考えた。

世のなかにはモテたい人がたくさんいる。「モテ」という概念は、対人関係に関わるあらゆる要素を〝良い感じ〟にすることだ。そのためコンテンツの裾野が広く、視聴者の興味のエッセンスを抽出できる非常に優れたコンセプトだ。

モテ×メイク、モテ×ファッション、モテ×習慣……など、「モテ」と掛け算できるジャンルは幅広い。自ずとそこに集まってくるファンは、彼女の「モテ」というコンセプトに共感する人たちとなる。ただメイクが好きな人、ファッションが好きな人ではなく、「モテ」

に共感して集まった人たちのコミュニティなのだ。まさに彼女は、モテたい人たちのためのパーソナル・アテンションを刺激するコンテンツを作ることで、アツいファンコミュニティとその対価を手に入れた代表格と言える。

中国では、このようなコミュニティを持つインフルエンサーをKOL（Key Opinion Leader：世のなかに影響力のある人物。以下、KOL）と称するが、モテコミュニティにおけるKOLがゆうこす氏であり、そのフォロワーは「モテ」に対して意欲的な集団ということになる。

彼女がモテ×スキンケア商品、モテ×コンタクトレンズ、モテ×ナイトウェアといった視点で売り出す商品は、必然的にコミュニティが必要とするソリューションとなるため、ファンはお金を払って買うことを躊躇しない。

ゆうこす氏の主要SNSの総フォロワー数は200万人以上にもおよぶが（2023年2月時点）、YouTubeのフォロワー数が単純に100万人近くいるだけでは、おそらく年収1000万円に達するかどうかというところだろう。

彼女が個人の年商で10億円を突破できたのは、モテに特化したパーソナル・アテンションを積み上げることで濃いコミュニティをきちんと作り、そのコンセプトに合ったサービスや商品を展開したからだ。彼女は、『鬼滅の刃』風で言うところの「モテ柱」となったからこそ、クリエイターエコノミーという経済圏を作ることができたのである。

クリエイターのなかで「柱」となり得る人は、自らの分野に対して非常に高い意欲と責任感を持っている。そこに集まるファンも意欲的だから、1つのトピックに対してコミュニティ全体で研鑽《けんさん》を積むような間柄になっていく。クリエイターが自分の顔を出し、ある種の教祖化、アイドル化することによってしか、この求心力は生まれないのだ。

今を生きる
ビジネスパーソン全員に、
クリエイターマインドが
必要なわけ

㊸自身が積極的に表に出て、そのトピックの「アイコン」となる

『完全教祖マニュアル』(架神恭介《かがみきょうすけ》・辰巳一世《たつみいっせい》著、ちくま新書、２００９年)にもあるように、人はいつの時代も、ヴィジュアルを備えた崇拝の対象——偶像を求める。

しかし企業やビジネスパーソンは、競合であるクリエイターに対して「偶像を作りにくい」という弱点がある。

イーロン・マスク氏しかり、今世界のトップ企業の経営者が積極的に表に出るのは、自分がアイコン化することのパワーを深く理解しているからだろう。

日本でも、トヨタ自動車の豊田章男《とよだあきお》氏は自社のYouTubeチャンネルに出ているし、SONYにしてもホンダにしても、かつての〝強い日本〟を象徴する企業のカリスマ経営者たちは、自らのプレゼンスを強烈に打ち出していた。

顔というものを出さず、何の「柱」になろうとしているのかを示さない会社とその経営者に、果たしてファンがつくだろうか。

繰り返すようだが、競争優位性を生み出す経営資源の新・四大要素は、「ヒト・モノ・カネ・アテンション」。４つ目の要素であるアテンションの源泉になっているものは、まさに企業のヴィジュアルの部分である。

ヴィジュアルのプロデュースをしなければ、これからの企業はヴィジュアルをフル活用するクリエイターたちに勝てなくなるだろう。

今とこれからを生きるビジネスパーソンにとって、「ヴィジュアル」「アテンション」「流通力」「コミュニティ」といったキーワードは、生き残りに欠かせないものとなる。

僕がこれまで見てきた３つの真実が、そのことを如実に指し示している。それぞれ紹介していこう。

㊹熱狂のハブとなる「インフルエンサー社員」を目指す

もともと日本のジャーナリズムには、海外と比べて無署名の記事が多いという特徴があった。

欧米の有力紙はほぼ署名記事で構成されていて、記事コンテンツとその記事を書いた記者個人が、強くリンクしている。ネットメディア大手のHuffPost《ハフポスト》やBuzzFeed《バズフィード》においても、それが初期のメディアパワー成長の原動力となっており、記者が自身のヴィジュアルやパーソナリティを押し出して活動することが一般的だ。

近年は、日本の有力紙でも署名記事が増えている。

しかし、記者の個人的見解を混同させないという意識が強いのか、書き手がそのニュースをどのように解釈したかを明確に伝える署名記事や、記者のパーソナリティを強く感じさせる記事は、まだまだ少ないという印象があった。

けれどもここに来て、日本にもようやく「ヴィジュアルを出す記者」がアテンションを集めるという流れがやってきた。

代表的な事例が、２０２２年３月に日本経済新聞社を退職し、主要ＳＮＳの総フォロワー数が82万人を超える（２０２３年２月時点）クリエイターとなった、後藤達也《ごとうたつや》氏だ。

以前、日経新聞の人と打ち合わせをした際に、後藤氏の話を出すと、「日経の人間だったら彼がやっていることは誰にでもできる」というようなことを言っていた。

しかし重要なのは、「経済ニュースをわかりやすく解説できること」ではない。

自らの顔面をインターネットに晒し、なおかつ定期的にコンテンツをアップし続ける、この部分がクリエイターになれるかどうかの分かれ目なのだ。今の後藤氏は、間違いなく

「経済をわかりやすく解説する柱」であり、第二の池上彰《いけがみあきら》氏のような存在になりつつあると思う。

クリエイティブが人々に届くまでには、「調達→加工→流通」のフェーズがあると先に述べたが、彼は調達と加工の腕を日経新聞で磨き、流通のチャネルは自ら勝ち得た。

同じようなやり方で、経済メディアとして急成長したのが、かつてのNewsPicksだ。NewsPicksは、SNS上で多くのフォロワーを持つ発信者に「プロピッカー」として協力してもらうことで、SNS内でのコンテンツの「流通力」を高めていった。

勝ち残るクリエイターやメディアには、流通という差別化要因がある。スマートフォンとSNS全盛のこの時代における流通のポイントは、本書流に言うと「アテンション」にあるのだろう。

これからの社会では、SNSを介した流通において、社員が何百人・何千人もいる企業と、強いコミュニティを持つクリエイターの力は同等になっていくだろう。そうなると経済合理性から見ても、企業は「流通力」のある社員、つまりアテンションを持ったクリエイターを雇用したいと思うだろうし、社内でも優遇していくはずだ。

今後、ただ何かを作るだけ、という「調達・加工」までが自分の仕事だと思っている「会社員クリエイター」は、口減らしに遭う可能性が出てくる。

その逆もしかりで、「流通力」を持つビジネスパーソンの未来は明るい。

コロナショックを機に、多くのアパレル企業がSNSのフォロワーが多い「インフルエンサー社員」の優遇採用を始めたことは、この流れの先駆けだと言える。「流通力」を持つ社員は、企業にとって第四の経営資源であるアテンションそのものなのだ。

㊺SNSの持つ独自の力学を理解する

このようにして「会社員クリエイター」ではなく、自らが「流通力」を持ち、バイネームで仕事をするクリエイターが強くなっていくと、いわゆる「ウケるもの」と「スベるもの」の基準が変わってくる。

僕はワンメディアで、クリエイターとのコラボレーション企画を仕掛けると同時に、僕自身がクリエイター兼インフルエンサーとして、他の企業の企画に参加することもある。

そういった、仕掛ける側と出演する側の両方を体験しているがゆえに感じるのかもしれないが——1つ言えるのは、**「電通的なモノこそスベる」**ということだ。

ソーシャルネットワークには、エコシステムという生態系を超えた、ユニバースのような性質がある。その銀河系には、そこで活躍するクリエイターという星があり、それを取り巻くファンコミュニティという衛星があり、自転や公転、太陽風のような物理学が作用している。

ユニバースのなかでスベらない企画、ウケる企画をやるためには、ユニバース固有の物理法則、星々の輝きを組み合わせて、その流れをうまく利用していかなければならない。

このユニバースはステークホルダーがとても多いから、旧来のメディアと比べると法則が複雑だ。免許事業であることに守られているテレビ業界とは違い、コミュニケーションは一方通行ではなく双方向だし、発信されたものに対して、見ている側が即座にレスポンスをしてくる。

企業やクリエイターではなく、ユーザー自身がクリエイターの動画をオマージュしたUGC（User Generated Content：ユーザー生成コンテンツ）を作って発信することも可能だ。

こうした複雑なユニバースのなかにいるにもかかわらず、「電通的なモノ」はリンゴが木から落ちるような地球上の物理法則に最適化されている。

かつてはコンテンツを発信できる人が少なく、みんなが地上にいてリンゴが落ちるのを待っているような状態だったから、木の上からストンと落下するような一方通行のコンテンツでも受け入れられた。

そのため、電通的なクリエイティブというのは「とんでもなくイケてるリンゴを作り、それが落ちるタイミングをみんなで見る状況を生み出す」ということを極めたものだ。そのリンゴは、多くのプロフェッショナルによって作られた日本ナンバーワンのリンゴで、とてもじゃないが、個人のクリエイターが真似できるクオリティーではない。

しかし宇宙空間では、誰もリンゴの木なんて見ていない。ソーシャルネットワークというユニバースにおいては、イケてるリンゴの木をみんなが見ている状況を作る、という前提条件そのものが非常に困難なのだ。

じゃあ、どうするべきなのか？

このユニバースにおいてやるべきことは、真っ暗闇のなかで輝いている恒星を見つけることだ。恒星はただ輝いているだけではなく、ものすごい重力、自転の力で周囲を巻き込んでいる。そういった自らアテンションを作り出すことのできる恒星――すなわち、クリエイターやインフルエンサーと、企業は協業すべきなのだ。

ただし、企業がコミュニケーションとしてやりたいことと、恒星の巻き込む流れが合っていなければ、その企画はたちまち「スベる」だろう。そこを見極めて仕掛けることが必須であり、単純にコストをかければできるというようなものではなくなってきている。

リンゴの木が注目を集める時代は終わり、人々はとっくにスマートフォンという名のロケットに乗って宇宙に飛び立ってしまった。

無数のコンテンツがまたたくユニバースのなかでアテンションを集めるには、超新星爆発のように、これから大化けするクリエイターを見つけるか、あるいは地球と月と太陽が一直線に並ぶ日食のようなモーメントを取りに行くか——いずれにせよ、ひどく複雑なことをやってのける必要がある。

それをやるためには、自分が常に宇宙空間に漂って、ユニバースを構成するものを観察しながら、そこで輝いている人たちの力を借りなければならない。

「会社員クリエイター」や電通的な広告代理店の多くは、まだソーシャルネットワークという宇宙にどっぷり浸かっていない。ふだん地球にいて、たまにベランダから月を眺めているくらいでは足りないのだ。

Twitterを買収したイーロン・マスク氏は、彼自身が誰よりもTwitterというユニバースのなかに漂っているからこそ、ヘビーユーザーたちとあれほど濃密なやり取りができ、あれだけのリストラを行いながらも、Twitterを改善していく方針を打ち出せたのだと思う。

1つのユニバースを理解するためには、そこに首まで浸かってやりきる時間が絶対に必要なのだ。

それができるのは、従来のオールドメディアと蜜月を築いてきた電通的な広告代理店ではなく、SNSのなかで日々アテンションを取り続けているクリエイターなのである。

㊻ビジネスの上流から下流まで、一気通貫で対応できるスキルを磨く

クリエイターエコノミーの誕生によって、これからは「ナカヌキ」の意味も大きく変わっていくだろう。

もともと「ナカヌキ（中抜き）」という言葉は、ビジネス領域では良い意味――「中間事業者を省略して直に取引をすること」と、悪い意味――「取引の間に不必要に中間事業者が

入って手数料などを取ること」の両方の意味で使われていた。

日本の場合、昔は中間事業者が取引の間に入ることが当たり前だったため、あえて「ナカヌキ」と言うときには良い意味で使われることが多かった。

しかし現在は、顧客と事業者がダイレクトにつながることが当たり前になりつつある。東京五輪2020に関して、悪い意味での「ナカヌキ」が激しく糾弾されたことは、その1つの証左だろう。


ところが、いまだにコミュニケーションの業界においては、中間搾取業者としての「ナカヌキ」の存在が欠かせない。

広告代理店の「代理」という言葉が示す通り、コミュニケーションやインプレッションを生み出すための枠は、誰かがまとめて管理をする必要があるからだ。広告代理店やレップ（インターネット広告の取引において、広告媒体サイトと広告主の仲介を行っている事業者）がたくさん存在しているのは、この仕組みによるところが大きい。


しかし今やクリエイターは、個人で流通のチャネルを持ち、クライアントと直接やり取りをすることができるのだから、実は「ナカヌキ」が入る余地はない。

問題は、そこをどう考えるかだ。企業あるいは君がクリエイターと仕事をするのなら、これまで「ナカヌキ」が担ってきたこと、つまりは代理店がやってきた仕事を、自ら行っていく必要がある。

まずは誰に頼むかという人選を、SNSの力学をきちんと観測して判断することと、その責任を持つこと。

逆に企業あるいは君自身が、クリエイターとしてその力を最大限に収益化しようと思うのであれば、自分がリーチできているコミュニティを明確に可視化して、自分の力が必要なクライアントはどこなのか、どういう人たちにウケるのかということを、自ら分析してアプローチしていかなければならない。

従来の代理店、「ナカヌキ」が担っていた役割というのは、まさにそこのジョイントなのだ。だからこそ、自分自身の力でそこをきちんとやりきらないと、成果を最大化することはできない。カネや決裁権だけで、コミュニケーションの仕事をこなすことは難しくなっていく。ちゃんと自分のアタマを使って働くことが、クライアントサイドにも求められるようになっていくだろう。

ビジネスパーソンの
生存・成長戦略の方程式

これまで、個人がアテンションを勝ち得るための式を紹介してきた。

【試行回数】×【エンゲージメント】=【アテンション】

Chapter3の締めくくりとして、このエンゲージメントを最大化するための方程式を君に伝える。これは、ビジネスパーソンの生存・成長戦略としてそのまま活用できるものだ。

㊼エンゲージメントの増幅に必要な3要素

【コンテンツのベクトル】×【SNSの持つ力学】×【個人・企業のネタの調達力】=【エンゲージメントのレバレッジ】

ゆうこす氏の例にあるように、コンテンツの何をテーマにするかによって、取るアテンションのベクトルは変わる。そして、そのベクトルを最大化できるかどうかは、個々のSNSが有する文脈で決まる。

今を生きるビジネスパーソンのための生存・成長方程式

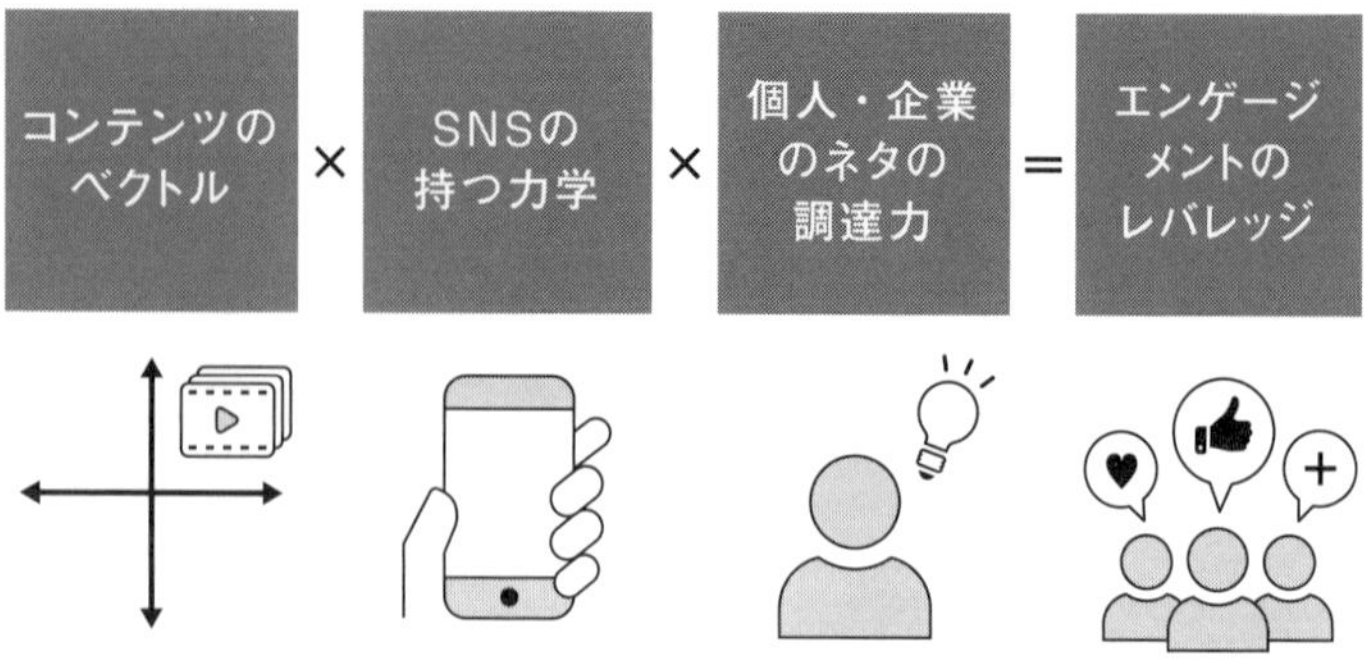

例えば、短時間でごく簡単にノウハウを伝えたいときに、YouTubeを選ぶのはミスマッチだろう。YouTubeはロングとショートの比率的に、現状においてはロングの方が強いからだ。同じように、言語化しにくいけれど美しいイメージを与えたいというような性質のコンテンツなら、Twitterよりも Instagramの方が明らかに適している。

どのような分野でアテンションを取っていきたいのか（「パーソナル・アテンション」の方向性）というベクトルと、各種SNSが持っている性質・力学、そこに対してネタを調達し続けられるだけの自分（企業）。この3つが掛け合わさることで、強力なエンゲージメントにつながる。

君が戦うべきは、この3つが掛け合わさっている場所だ。3つのうちどれが欠けても、戦い続けることはできない。戦いを継続できなければ、君はアテンションを得ることはできないだろう。

繰り返しになるが、アテンションはたくさんの試行回数で、エンゲージメントを積み重ねることでしか生まれないからだ。

みうらじゅん氏が、「〈キープ・オン・ロケンロール〉という言葉があるけど、〈ロケンロール〉より〈キープ・オン〉の方が難しい」と語ったように、何よりも困難なのは続けることなのだ。

ロックンロールは誰にでもできるが、キープすることは難しい。だからこそ、キープ・オンできるベクトルと力学と自分、これを掛け合わせた場所で戦っていこう。

Chapter 4

一億総クリエイター時代の「熱狂マーケティング」の仕掛け方

「スマホとテレビ、どちらを長く使っていますか?」

こう質問されたら、君はどう答えるだろう?

33ページでもデータを紹介したが、スマホよりもテレビの利用時間が長い層は、すでに50代以上しかいないのだ。

〝史上もっともイカれたサッカーマンガ〟という異名を持つ『ブルーロック』に、こんな一節が出てくる。


「一流《いちりゅう》のストライカーという生《い》き物《もの》は　その瞬間《とき》　最《もっと》もフットボールの熱《あつ》い場所《ばしょ》に　突如《とつじょ》として出現《しゅつげん》する」

(『ブルーロック』第1巻、金城宗幸《かねしろむねゆき》原作、ノ村優介《のむらゆうすけ》作画、講談社、2018年)


今の世のなかにおいて、もっともコミュニケーションの熱い場所とはどこだろう?

答えはもちろん、SNSだろう。

これからの時代を作る世代にとって、プライマリーなメディアはスマートフォンに置き換わっており、そのスクリーンに映るコンテンツは、SNSにいるクリエイターたちが作っているからだ。時代の熱狂の中心は、SNSにある。

そんな〝熱い場所〟で誕生する一流のストライカー……ではなく、クリエイターは、サッカー選手のようにそれぞれが独自のスタイルを持っている。この本の冒頭では、それを〝鬼滅の刃・柱理論〟として少し触れている。

ここから「新時代のマーケティング戦略」と題して、3のコミュニケーション戦略、10のストーリー戦略、7のクリエイター戦略――計20のエッセンスをそれぞれ取り上げていく。

早速、具体的な話に入っていこう。

『鬼滅の刃』における柱のような存在、すなわちトップクリエイターが備えているパワーを整理すると、次の3つに分けられる。

トップクリエイターが備える3つの力

熱狂力	試行力	継続力
コミュニティと対話しながらコンテンツを作る	ショートスパンでPDCAを回し、コンテンツをアップデート	継続的なチャレンジと振り返りによって、優位性を高める

㊽コミュニケーション戦略 1．熱狂力——コミュニティとの継続的な対話で熱狂を生む

トップクリエイターは、自分が発信する対象に悩まない。後述する「カフェ巡り病」など素通りし、自らが愛を持ってやり抜ける場所を見つけ出す。そのトピックに対して真摯に向き合い、ノウハウを蓄積して発信をする。

ゆえに、トップクリエイターのフォロワーは、単なるフォロワーではない。彼女／彼らの扱うトピックに、同じく深い

愛情を持ったコミュニティであり、トップクリエイターは常に自分のコミュニティと対話しながらコンテンツを作っていく。

だからこそ、トップクリエイターはKOLと呼べるのだ。彼女/彼らは、自分がやりたいことに熱狂する表現者であると同時に、フォロワーを熱狂させて導く先導者でもある。

㊾コミュニケーション戦略2. 試行力――フットワーク軽く、高速PDCAを回す

すぐに試す。あれこれ考えるよりもまず自分でやってみる。マジョリティの意見や、既存の常識など意に介さず、自分がやりたいことにまずトライする。試行回数を最大化することで得られた学びを次の発信に活かし、常にコンテンツを進化させる。

それゆえに、変化の速いプラットフォーム環境にも即座に対応し、自らの影響力をキープし続けることが可能になる。

これらは、マーク・ザッカーバーグ氏がFacebookを創った当時、社内に掲げた「Done

is better than perfect.（完璧を目指すよりまず終わらせろ）」を体現していると言える。従来のクリエイターが、数ヶ月〜数年かけて入魂の作品を作っていた文化とは真逆の、高速PDCAを回すことを、クリエイターは重要視している。

㊿コミュニケーション戦略3・継続力――「継続は力なり」で、クリエイター活動におけるアドバンテージを得る

ひたむきにやり続ける。やめない。誰に強制されるわけでもなく、お金をもらえるわけでもないのに、自分が発信したいから活動している。やりたいトピックのコンテンツを作り発信し、誰かから反応がもらえることそのものが喜びであり、報酬になっている。

つまり、人生の楽しみ＝クリエイター活動なので、長く継続できる。その結果、営利目的のみで参入してくる競合（主に企業）に対して勝利する。また、継続すればするほど、コンテンツのストックが蓄積され、それがクリエイターの優位性を強固にすることにつながる。

トップクリエイターは、スマートフォンとSNSによってコンテンツの「調達→加工→流通」がほぼゼロコストになったからこそ、そこに没頭してチャレンジすることができるようになり、生まれた人々なのだ。

従来であれば、熱狂はあってもそれを表現することは難しく、試したくてもコンテンツを届けるのに多額の費用がかかり、続けたくてもファンからの反応がわからなかった。そんな状況を、スマートフォンとSNSが変えたのだ。

その結果、クリエイターはコミュニケーション領域において企業の競合となり、今や結果につながるコミュニケーションを実践するためには、彼女／彼らに負けない「熱狂」を仕掛ける必要が出てきた。

このChapterでは、トップクリエイターのさまざまなノウハウとスキルからエッセンスを抽出し、誰もがチャレンジできる要素として整理した。下品な言い方になるが、これを真似すれば、君も企業も誰だってクリエイターになれる可能性がぐっと高まるだろう。

AI時代、クリエイターの生き残り方とは？

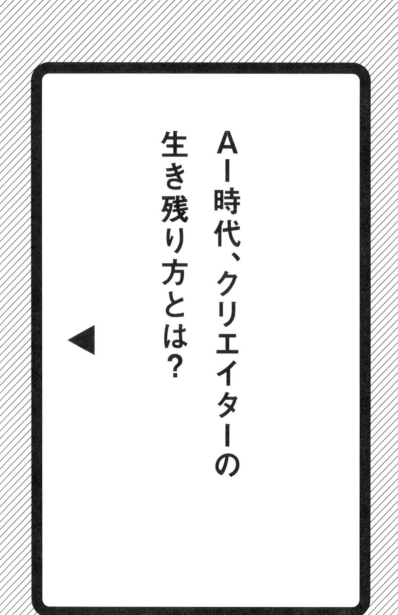

51「ユニークな存在である自分」を最大限活用する

Web3やAIなど、加速化するテクノロジーの時代背景・文脈のなかで、クリエイターを取り巻く環境は大きく変わりつつある。

Web3は複雑に捉えられがちだが、基本的にはクリエイターへの「直接課金」をもたらすものだと考えると、シンプルでわかりやすい。自分が作り出す電子的なコンテンツに金銭的な価値を加え、それを中央集権的なプラットフォームに依存するのではなく、分散化されたテクノロジーによって顧客と直接つながることで、金銭的なものに変える。それが、Web3の根源にある思想だ。

もう1つの流れが、AI画像生成サービスの「Midjourney《ミッドジャーニー》」を皮切りとした、AIの進化である。グラフィック、写真、動画ですらも、今はAIが簡単に作り出してしまう時代になり、イラストレーターvs AI、フォトグラファーvs AI、映像ディレクターvs AIといった対立構造が生じている。

ユニークな何かを作るという意味では、人間の方がまだ上手である。

ただしユニークなコンセプトを決めた後、そこからたくさんのバリエーションを生み出すという部分において、人間はＡＩに到底敵わない。

この2つの流れを踏まえて、これからのクリエイターは生き残りのために何を考えていくべきだろうか?

まず前提となるのは、我々は人間であり、人間というものはユニークな存在だということだ。ユニークな存在である自分を最大限に活用しなくては、ＡＩに勝てない。ブログの時代には、執筆者の顔が見えない「こたつ記事」が横行した。

しかし今後は、署名記事ではないテキストや、単純に機械的に複製できるようなコンテンツ、要は「自分」を出さずに量産できるようなものは、商売にならなくなっていくだろう。

クリエイターにとって大事なのは、何かを作るときに「これは自分でないとできないことか」「自分がやる意味があるのか」と真剣に問うことだ。そして、この問いに対するもっともわかりやすい解決方法は、君の顔を出すことである。

自分が作り手であることを明確にすることが、ＡＩに対する一番の差別化要因になる。

「この人から買いたい」「この人のためになることをしたい」というＷｅｂ3の「直接課金」

の流れも、まずはここから始まっていく。

もちろん、クリエイティブそのものでユニーク性を表現できるのであれば、顔を出す必要はない。

しかし、ほとんどの人は残念ながら天才ではないので、それは難しいだろう。

トレンドを的確に読む、感性の思考法

㊷トレンドの萌芽を掴む「ソーシャルリスニング」

時代の先端にあるトレンドは、大手のメディアが扱う前に、すでにSNS上で会話されている。

クリエイターやビジネスパーソンがトレンドを的確に読むためには、SNS上で自分が定点観測する場所を定め、そこに首までどっぷり浸かることが必要だ。これをカッコいい言葉で表現すると、**「ソーシャルリスニング」**と呼ぶ。

ソーシャルリスニングとは、SNSで起きていることを「聴く」ことだ。「見る」ではなく、「聴く（listening）」という英語表現を用いるのは、そっと耳をそばだてるようなニュアンスがあるからだろう。ワンメディアのような会社では、ソーシャルリスニングは非常に重要で、当然のように社員のタスクやワークフローのなかに組み込まれている。

ソーシャルリスニングの最大のポイントは「観察」であり、ワンメディアではこれを「発明より発見」と表現している。

Ｃｈａｐｔｅｒ３で「電通的なモノこそスベる」と述べたが、リンゴの木をみんなが見ている時代には、良いコンテンツには「発明」が必要だとされていた。

しかし、ＳＮＳという新しいユニバースでは、「発明」よりも「発見」こそが重要なのだ。

今この宇宙のなかで、何が流行しているのか？

みんながこぞって投稿している言葉やハッシュタグ、異常にリバイバルヒットしている曲や歌手など、ソーシャルリスニングを通して何かピリッとくる違和感を覚えたときに、それをスルーせず「発見」し、活用していくマインドを育てなければいけない。

２０２１年４月、ワンメディアはユニクロの公式 YouTube チャンネルのために、「LifeWear Music」という動画シリーズを制作した。

音楽と映像を融合したＢＧＶ（Background Video：インテリアとしても楽しめる、音楽や映像によるビデオディスクやＶＴＲ作品。「ＢＧＭの映像版」というイメージ。以下、ＢＧＶ）というジャンルのコンテンツなのだが、この企画の根底にあったのも、コロナ禍によって起きた YouTube 動画における流行の変化である。

この頃、自宅で過ごす時間が増えたことにより、テレビに YouTube をキャストして、動画を流しながらリモートワークをする人が増えていた。パチパチと音を立てる焚《た》き火をひたすら映し続けたり、ローファイ・ヒップホップを流しっぱなしにしたりするようなチャンネルが流行っている。つまり、「ながら見」できる動画が求められているという「発見」から、僕らはユニクロのコンセプト「LifeWear」をYouTubeに浸透させるべく、BGVというコンテンツに落とし込むことにした。

すると、やはり狙い通り多くの人に視聴され、Twitterでは視聴者からの好意的なコメントとともに、作業用BGMとしてシェアする投稿が多く見受けられた。長い視聴時間とポジティブな反応が積み重なったことで、多くのエンゲージメントが生まれ、YouTubeの「おすすめ」動画欄に頻出。

結果として、広告費を一切使わなくてもオーガニックでたくさんのアテンションを集めることができたのだ。

最近のショート動画の話で言えば、僕らが企業の仕事を受ける際には必ず、コミュニケーションしたい商品やサービスに関連するハッシュタグ、それらに関してどんな投稿がされているのかを詳しく調査する。そのブランドや商品・サービスの周辺で、すでにどういうことがコンテンツとしてやり取りされているのかを見るわけだ。

そのハッシュタグで、ど真ん中のものを「発見」したら、それをそのまま動画に落とし込んでいく。そうすれば、ハッシュタグの力学のなかにスムーズにプレースメントできる。

このとき、僕らは何も「発明」していない。すでに人が集まっているハッシュタグを「発見」しているわけで、これがヒットを生むための基本となる。

君も企画を考えるときは、ぜひ「発明より発見」マインドで、日々ソーシャルリスニングをしてみてほしい。

良いショート動画、悪いショート動画。違いはここにある

本書のメインテーマでもある「ショート動画」は、その名の通り、非常に短時間で表現をするという特徴がある。これは端的に言えば、「切り抜き」された時間軸のなかでの表現だ。

手に取って食べやすく、すぐにおいしさがわかる――つまりインスタントな楽しさや、驚きを伝えるには向いているけれど、それらのインパクトは長い時間をかけて得られる感動とは性質が異なる。長編小説や、2時間の映画を集中して味わった後の、心の底から震えるような体験は、ショート動画では得がたいものだ。

ここで改めて、ショート動画の功罪について考えておきたい。

かっぴー氏が「切り抜きの時代」と指摘したように、「広まる」という意味においては、ショート動画は今現在もっともコスパの良い手段であると言える。

しかし、「伝わる」という意味においては、ロングコンテンツの「伝わる深さ」には劣るだろう。そのためクリエイターは、コンテンツの長短を使い分けてやっていく必要がある。

繰り返しになるが、「広まる」という1回戦を勝ち抜かなくては、「伝わる」という2回戦に進むことはできない。その時々で目的をきっちりと見極め、コミュニティとエンゲージしていくことが、クリエイターや企業にとって必須なのだ。

㊸コンテンツが広まるかどうかは「レコメンドエンジン」が決める

その上で、良いショート動画と悪いショート動画の違いはどこにあるのだろうか？
基本的にショート動画の世界は、ユーザーの好みに合ったコンテンツをＡＩが提案する**「レコメンドエンジン」**で動いている。つまり、君の目に触れるものはすべて「良いショート動画」であるという前提があり、「悪いショート動画」はそもそも君のタイムライン上に現れてこない。

ＡＩにレコメンドされないから目に触れない、「発見」されないということは、裏を返すと「レコメンドされるものが良い動画」ということだ。

ではレコメンドエンジンに、良い動画だと判断される要素とは何なのか？
レコメンドエンジンのパラメーターは、その時々でチューニングされるが、大きく変わらない指標が2つある。デバイスの画面にそのショート動画が表示された人が、どれぐらいの秒数を見るのか（視聴秒数や視聴維持率）と、その動画を見た人が、どれぐらい「いいね」

やシェアやコメントをするのか（エンゲージメント率）。この2つの指標が高いほど、「良いショート動画」としてレコメンドされるというのが原則だ。

㊹ 複雑なアルゴリズムのなかで、ユーザーの感情をハックする

TikTokは再生回数が伸びやすいので、再生回数がKPI（Key Performance Indicator：重要業績評価指標。以下、KPI）とされがちである。

しかし、TikTokを中心に主要SNSの総フォロワー数が260万人を超える（2023年2月時点）トップクリエイターの修一朗《しゅういちろう》氏は、「自分の動画においてKPIとしていたものは、視聴秒数のみだった」と語っている。

縦方向にどんどんスワイプしていくTikTokの力学に逆らってまで、どれくらいのユーザーが指を止めてくれたのか。「これは非常に強い感情じゃないですか」という、僕がパーソナリティを務めていたラジオ番組に彼が出演してくれた際の言葉が、印象に残っている。

彼が大事にしていたKPIは、ユーザーに「30秒以上見てもらえるか」ということだった。視聴秒数が30秒を超えた動画には、「いいね」やコメントがつきやすい。この判断基準にフォーカスすることで、エンゲージメントを蓄積し、彼は日本有数のTikTokクリエイ

ターになることができたのだ。

ここにはSNSにおける良い動画、悪い動画という判断基準が、従来のように定量的に決まるものではないという重要な示唆が潜んでいる。

これだけ多種多様なコンテンツのなかから、自分が好きなものを選べる時代になると、君が好きなものは誰かが嫌いなものかもしれないし、その逆も当然あり得る。つまり、定量的に良し悪しを判断することは、年々難しくなっているのだ。

だからこそ、ショート動画のGOOD or BADのジャッジは、定量ではなく定性によって決まるのだ。エンゲージメントの獲得を通して、**「まだ君を知らない誰かのタイムラインにレコメンドされるショート動画」**が「良い動画」であると、ある程度割り切って取り組む必要がある。

▶ クリエイターこそが「アテンションを生むコンテンツの創造主」

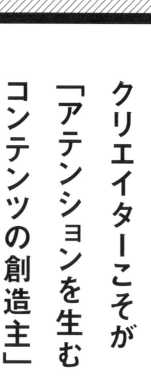

㊺「人」と「企画」、それぞれに対するユーザーの期待値をカテゴライズする

では具体的にクリエイターたちは、良いショート動画を通してどのようにアテンションを得ていくのだろうか？　こうした戦略を練っていく際に、次ページのマッピングが役に立つ。

このマッピングでは、縦軸をクリエイターに対する期待値（「エンタメ性」か「情報性」か）、横軸を企画に対する期待値（「トピック」か「個人の力」か）とし、この4象限でクリエイターをエンタメ型、ミーム（※）型、プロフェッショナル型、ロールモデル型に分類している。

※ミーム（meme）——ギリシア語の「mimeme」（模倣する）と英語の「memory」（記憶する）を掛け合わせた造語で、リチャード・ドーキンス氏が著書『利己的な遺伝子』（オックスフォード大学出版局、1976年）のなかで提唱した概念。インターネットでは、面白い動画や投稿がSNSなどで拡散され、コンテンツの決まり事となったものを指す。いわば〝インターネットあるある〟。例としては、「〇〇ダンス」、バチェラーの「#友永構文」などが挙げられる。TikTokは、若年層が自然発生的にミームを生み出す場所としての力が非常に強い。

動画クリエイターマッピング：有力インフルエンサーの4象限

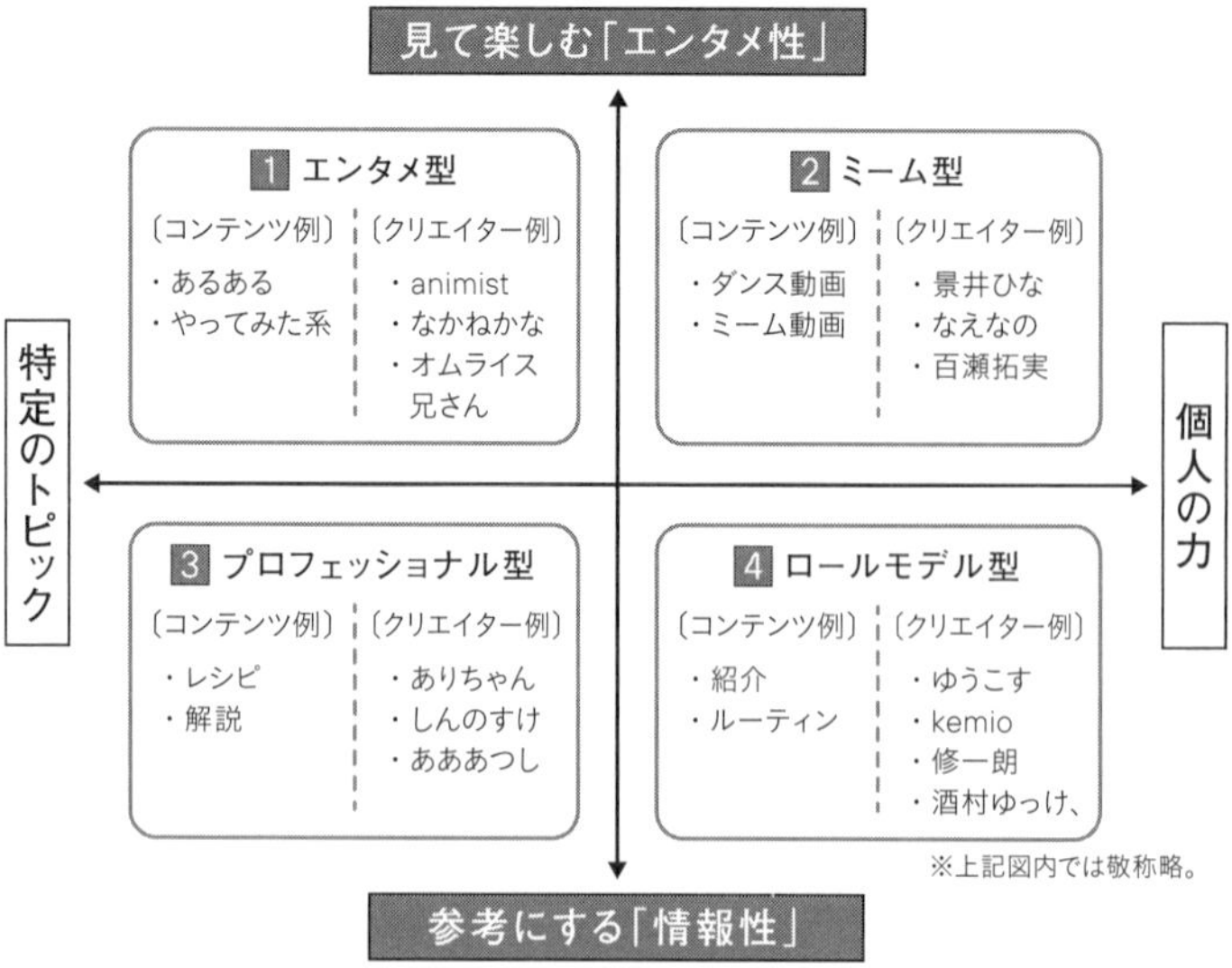

1 エンタメ型

・トピック×一芸
・ハイクオリティな動画やその面白さに惹かれたユーザーがフォローする

2 ミーム型

・クリエイター自身がコンテンツ化
・クオリティを問わず、とりあえずみんなが好きな対象としてフォローする

3 プロフェッショナル型

・トピック×フォーマット
・専門性と説得力ある説明にファンがつく

4 ロールモデル型

・コミュニティの願望を体現する
・特定トピックを軸としたコミュニティにおいて、神格化された存在

出典：ワンメディア株式会社による図「クリエイターマッピング」をもとにSBクリエイティブ株式会社が作成

左上のエンタメ型の特徴は、「トピック×一芸」の持ち主であること。これは、お笑い芸人の存在感に近くなる。

右上のミーム型の特徴は、クリエイター自身がコンテンツ化していく点にあり、従来のテレビタレントの存在感と非常に近い。

一方、4象限の下半分に当たる「情報性」の方は再現性が高く、比較的誰もが取り組みやすいジャンルだ。

これからクリエイターを目指す人が再現しやすいのは、左下のプロフェッショナル型（トピック×フォーマット）と、その進化系とも言える右下のロールモデル型（コミュニティの願望を体現する）だろう。

人がコンテンツを探すときには、必ずトピックへの興味が起点となっている。ユーザーは、そのトピックについて定期的に情報発信しているクリエイターのことを、もっと知りたいという思いからフォローし、やがてファンになっていく。

このようにして視聴者のアテンションが蓄積していき、そのトピックについて発信しているクリエイター自身に、アテンションが集まるようにシフトさせることができれば、そのクリエイターはロールモデル枠に入ることができる。現在、プロフェッショナル型に位置するクリエイターの多くは、ロールモデル型になることを目指しているのではないだろうか。

例えば、「毎月の支出の半分をコスメに充てる女」のキャッチフレーズで知られるありちゃん氏は、以前は自分の手元だけを映してコスメの情報を紹介する、プロフェッショナル型のクリエイターだった。

しかし、TikTok のみならず、YouTube や Instagram でも活躍するようになった現在は、自分の顔を積極的に出す方向性にシフトしている。トピックにフォーカスしたコンテンツでフォロワーを集める段階を超えて、自分自身にアテンションを集めるロールモデル型へとシフトするために、こうした切り替えを行ったのではないかと思う。

また kemio 氏のように、右上のミーム型から右下のロールモデル型へとシフトした例もある。これは kemio 氏が自分のジェンダーについて語ったり、アメリカに拠点を移して活動したりするなかで、エンタメから情報へ(「見て楽しむ」から「参考にする」へ)と発信の方向性が変わり、そこにコミュニティが生まれたことを示している。

一方、エンタメ型からロールモデル型に直接移行する人はあまりいない。隣り合う系統の方が習得しやすいところは、マンガ『HUNTER×HUNTER』（冨樫《とがし》義博《よしひろ》、集英社、1988年〜）の念能力と似ているかもしれない。

㊻アテンションを効果的に生むために、得意分野で勝負する

この4象限を見ていくと、クリエイターのあり方にもいろいろな形があることがわかるだろう。

Adobeは「Future of Creativity」レポートにおいて、クリエイターエコノミーの急激な成長を示すとともに、現代の「クリエイター」を次のように定義している。

「創造的な活動（写真撮影、クリエイティブライティング、オリジナルSNSコンテンツ制作など）に従事し、SNSにおけるプレゼンスを高める目的で、これらの活動から生まれた作品を少なくとも毎月オンラインで投稿、共有、または宣伝している人」

クリエイターの定義をAdobeがこのように刷新したというのは、とても素晴らしいこ

とだ。この定義を前提とすれば、「TikTokerになりたいなら踊ればいい」なんて、小っ恥ずかしい勘違いだとすぐにわかるだろう。

もし君がクリエイターになりたいなら、ぜひ4象限を参考に自分らしいポジションを開拓し、**「アテンションを生むコンテンツの創造主」**を目指してほしい。

自分の面白さや、いろいろな意味でアテンションを生み出せそうな個性に自信があるなら、横軸の「個人」や縦軸の「エンタメ」に寄ったところで勝負をかけよう。

「自分は面白くもないし、注目を浴びるような外見でもない」と思うなら、横軸の「トピック」や縦軸の「情報」に寄せていけばいい。多くの人にとって、特定のトピックに対する専門性と説得力を備えたプロフェッショナル型は、比較的狙いやすい領域になるはずだ。

本書では散々繰り返してきたことだが、ここでもう一度、この式を思い出してほしい。


【試行回数】×【エンゲージメント】＝【アテンション】

試行回数を増やすには、自分の得意領域でないとまず難しい。無理なく続けられるジャンルを選ぶところから、戦いはすでに始まっているのだ。

企業がこれから
クリエイター化していくには？

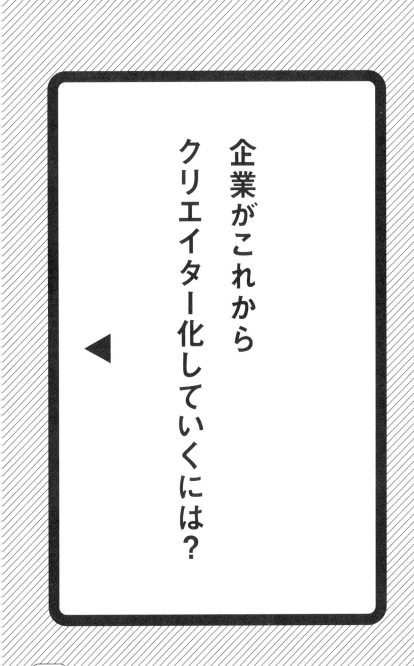

これから先、ゆくゆくはすべての企業とビジネスパーソンが、クリエイター化していくだろうと僕は考えている。

しかし、ここまで話してきたようなソーシャルネットワークのユニバースにおいては、君も多くの企業も、まだ輝きを放っていない小さな星だ。地球が太陽に照らされて恵みを得るように、すでにその領域で輝きを放っているクリエイターの力を借りるということは、戦略としてまったく悪いことではない。

それはなぜかというと、クリエイターとして輝く方法を熟知しているのは、試行錯誤してアテンションを勝ち得てきたクリエイター自身だからだ。企業やビジネスパーソンは、トップクリエイターとコミュニケーションをすることによって、3つの段階にわたって進化することができる。

㊼対等な目線でクリエイターとコラボするスタンスを持つ

第1段階では、企業が発信をしていく際にクリエイターの力を借りて、彼女／彼らに発信をしてもらう。ここで大事なのは、ただ仕事をお願いするというスタンスではなく、クリエイターとコラボレーションするスタンスを持つことだ。

「仕事をお願いする」と考えると、ただの発注者と受注者の関係になり、〝上から目線〟になりやすい。「一緒にやっていこう」という対等な目線を持てば、学びは何倍にも大きくなるだろう。

企業の文脈と何一つ嚙《か》み合わないクリエイターに、人気があるからといって「うちの商品を紹介してください」と依頼するのは、単なるお願いであってコラボレーションではない。

こういうときこそ、「発明より発見」のマインドでクリエイターの文脈を理解し、クリエイターが「この商品なら紹介したい。自分のフォロワーも喜んでくれるに違いない」と納得するようなPRの提案をしてみよう。それはおそらく、お互いにとって良いコラボレーションになるはずだ。

58 〝クリエイティブディレクター〟として、クリエイターにサポートしてもらう

第2段階においては、企業が発信するコンテンツを広告代理店や制作会社ではなく、クリエイターに手伝ってもらいながら制作する。ここでは従来の広告代理店が担っていたク

リエイティブディレクターの役割を、クリエイターが担うことになる。

こういう仕事はワンメディアでも増えていて、例えば、スマホだけでカッコよく撮れる方法を研究している TikToker と一緒に、カメラワークを駆使して車をドラマチックに撮影した動画を制作し、それをトヨタの TikTok アカウントで発信するといった取り組みも行った。

そもそも TikTok で人気なジャンルの動画を、TikTok のトンマナを完全に理解しているクリエイターとともに作ることで、トヨタのアカウントが単なる企業アカウントではなく他の TikToker と同様、アテンションを集めるクリエイターアカウントのようになっていく効果が見込める。

㊾企業に属する個人がクリエイターへと成長するチャンスを与える

第2段階を長く続ければ、社内にいるクリエイターや、企業のなかにいるビジネスパーソン自身がそのやり方を理解して、自然にクリエイターになっていく。これが第3段階にあたる。

スタートアップを中心とした「持たざる者」たちは、社員が総出になって Twitter や Wantedly《ウォンテッドリー》などで発信することが多いため、特に目新しさは感じないかもしれない。

しかし日本には、いまだに社員個人のSNSでの発信に対して消極的、あるいは禁止している企業も多い。そういった会社は、いち早く第3段階に到達した会社に、コミュニケーション面で差をつけられていってしまうのではないだろうか。

ここまでの流れを整理すると、次のようになる。

①まずはクリエイターが主語になり、企業メッセージの発信をする
②クリエイターのサポートを借りつつ、企業が主語になって発信する
③企業のなかにいる人たち自体が、クリエイターになって発信していく

令和のビジネスパーソンたちはぜひ、第3段階に到達することを目指して動くべきだろう。未来は確実に「そっち」なのだから。

いよいよ次の項目では、これからのショート動画に欠かせない10のキーワードについて説明していく。

新時代のストーリー戦略
「10のキーワード」

これからのショート動画に欠かせない10のキーワード

1 アテンション	6 動画・ライブ配信・ストーリー機能
2 仮想敵	7 レコメンドハック
3 代弁者	8 エンゲージメント率
4 コンテンツ設計	9 コメ返(コメント返信)
5 時間設計	10 TikTok売れ

【ストーリー戦略1:アテンション】

60 集めた注目度でコミュニティの熱量を最大化する

最初のキーワードは「アテンション」。

まずは、国内最大級の古着コミュニティ「古着女子」を運営するyutori《ゆとり》の例をもとに、アテンションを集めるための具体策について見ていこう。

2020年7月、ZOZOがyutoriと資本業務提携したことは、ECやD2C(Direct to Consumer:製造者がダイレクトに消費者と取引をするビジネスモデル)業界の注目を集めた。yutoriのビジネスは、まさにアテンションを獲得してスモールビジネスを急成長させた好例である。

yutoriの革新的なビジネスモデル

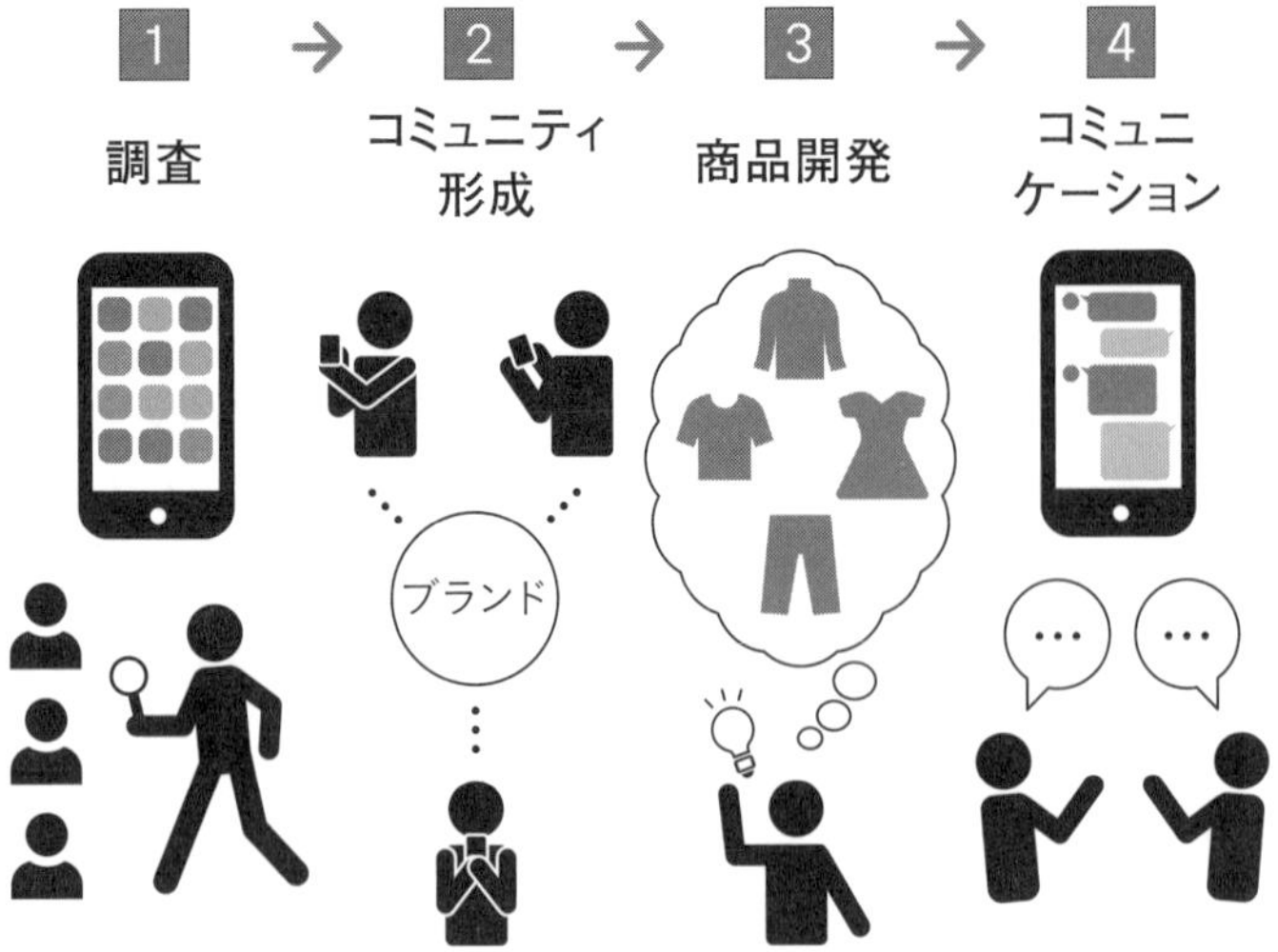

では、yutoriのどこが革新的だったのか？

従来のアパレルブランドは、まずブランドを作り、それをマーケティングし、コミュニケーションするという順番で事業を行っていた。

しかし、yutoriの場合はまったく逆だった。最初に、Instagram上でコミュニティ「古着女子」を立ち上げ、その後、そのコミュニティに対してブランドを作り、商品を売るという順序で大成功したのである。

従来の、①調査、②商品開発、③コミュニケーション、④コミュニティ形成という流れではなく、①調査、②コミュニティ形成、③商品開発、④コミュニケーション。

このマーケティングの流れは、SNSクリエイターが自分で商品を作ったり、サービスを作ったりするときとまったく一緒で、ブランドの立ち上がりが非常に早いというメリットがある。それをアパレルブランドで実践したのが、yutoriだった。

yutori創業者の片石貴展《かたいしたかのり》氏は、古着をコーディネートに取り入れた女性の写真が、Instagramにたくさん投稿されているのを「発見」した。片石氏も古着が好きで、下北沢で古着好きの女性の姿をよく見かけていたという。そこで、彼女たちを集めたコミュニティを作りたいと考え、「古着女子」のアカウントと「#フルジョ」というハッシュタグをインスタ上に作った。

片石氏はアカウントが盛り上がるように、インスタで古着のコーディネートをアップしている女性に片っ端からDMを送り、写真の使用やリポストの許可を得て、アカウントに投稿していった。徐々に「古着女子」は、古着好きユーザーの間で話題になり、フォロワー数が増えていく。

するとは今度は、古着好きの間で「フルジョに載りたい」人が増える逆転現象が生じる。ユーザーがメンションをつけて「私の写真を載せてください」とアピールしてくれる、コンテンツを提供されるアカウントになったのだ。

「古着女子」のInstagramでは、あえて顔が映らないように女性の写真が撮影・加工されている。そうやってアノニマスに、ファッションにだけ興味がいくような純度の高いコミュニティを作っていったのである。

フォロワー数が数十万人に達すると、満を持してコミュニティが求める服を作って販売し、一気にアパレルブランドの垂直立ち上げに成功した。この手法が高く評価され、ZOZOグループ入りにつながっていく。

今までのアパレルブランドであれば、事前に調査をして「ここにニーズがありそうだ」と考えたら、最初に商品を作るところから始めていただろう。

しかしそうではなく、何かを欲しているであろう人々を最初に集めて、そのコミュニティの熱量を高め、「こんなものが欲しい」というコミュニティの声が固まったところで商品を開発する。

言い換えると、ユーザーのアテンションが集中してもっとも熱量が高まった場所が、SNSによって可視化されるようになり、そこにターゲティングしてプロダクトやサービスを提供することが可能になったのである。

61 好きなものが1枚の画像に収まるように仕掛ける

「挽肉《ひきにく》と米」という、今ものすごく勢いのある飲食店がある。「山本のハンバーグ（元「俺のハンバーグ山本」）」創業者の、山本昇平《やまもとしょうへい》氏が手掛けた新しいブランドだ。

「挽肉と米」のメニューは、その名の通り挽肉（ハンバーグ）と炊きたてのご飯しかない。このようなメニューを専門化――どころか、1つに絞ったような飲食店は、かつては流行らないと言われていた。

飲食店というのは、当たり前にいろいろなメニューが食べられて、「食べログ」で評価を集めて……というのが今までの流れだったのだ。

しかし「挽肉と米」は、お茶碗によそった白飯の上にハンバーグを載せるという直球のヴィジュアルでバズを巻き起こし、行列を意図的に作り出すことで人気店となった。

静岡出身の僕からすると、「挽肉と米」ブームの手前には「炭焼きレストランさわやか」のブームがあったと考えている。「さわやか」は東海地方発祥のハンバーグファミレスで、今は2、3時間待ちが当たり前になっているが、僕が中学生の頃は国道沿いに当たり前のように存在している店で、行列なんて見たことがなかった。

ブームになってから久しぶりに行ったけれど、味は当時とまったく変わらない。これほど「さわやか」が流行ったのは、明らかにSNSの影響だ。

「さわやか」の特徴として、俵状のハンバーグを店員さんがテーブルで切って仕上げる、というパフォーマンスがある。それが非常にインスタ映え、TikTok映えするということで、投稿を見た人がさらに店を訪れるという構図ができたのだ。

これらの例は、インスタ映え、TikTok映え、つまり「ヴィジュアルコンテンツで映える」ということに再現性を持って取り組めば、新しいブランドでも一気にアテンションを集められることを示唆している。

お茶碗のなかに、白米、ハンバーグ、卵（卵黄）という「みんなが好きなもの」3つがポンと収まるというのが、「挽肉と米」のヴィジュアルだ。これはスマートフォンの正方形、あるいは縦形のフレームととても相性がいい。

一般的なハンバーグセットの多くはライスとサラダが別々で、SNS映えさせるのが難しい。

しかし「挽肉と米」では、すべてが1枚の画像に収まるように意図的に設計されている。ここがヒットの秘密なのではないだろうか。

㉖「こう撮れば映える」という教科書的な投稿にユーザーを追随させる

同じことが、「Mr.《ミスター》 CHEESECAKE《チーズケーキ》」というオンライン専売のチーズケーキ専門店にも言える。

当初、「Mr. CHEESECAKE」は気鋭のフレンチシェフ・田村浩二《たむらこうじ》氏のファンから口コミで広まったが、SNSにはなかなか写真が投稿されなかった。長方形のシンプルな見た目だったので、今ひとつ「映えない」と思われたのだろう。

そこで運営側が、「こういうふうに写真を撮ると映える」というお手本をInstagramに投稿した。それはチーズケーキをお皿の上で俯瞰して、スプーンやフォークで一口分だけ切るという画像だったのだが、それをみんなが真似することで一気に有名になっていった。

「挽肉と米」と「Mr. CHEESECAKE」の事例からは、クリエイティブの作り方のルールが変わってきたことも見えてくる。

昔であれば、「ミルククラウン（牛乳の表面などに生じる王冠状の波紋のこと）」や「ビールの泡」に代表されるような圧倒的なシズル感といった、プロにしか作れないクリエイティブが、ブランディングに大きく貢献していた。

しかし今は、「みんなが真似できるもの」がクリエイティブのゴールになりつつある。誰もがスマートフォンのカメラで真似できて、アップしたくなるような、そういう仕掛けができるものを作ることが、ヒットを生み出す秘訣なのである。


ゆうこす氏も「Chu's me《チューズ ミー》」というコンタクトレンズブランドをプロデュースする際、レンズを製造する企業に対し、協業の条件としてパッケージを正方形にすることを要求したという。ゆうこす氏がこれを「譲れない一線」としたのは、従来の横長のパッケージだとスマートフォンの画角に収まりづらいからだ。ユーザーがInstagramに写真をアップするときなど、「モテ×コンタクトレンズ」という彼女の世界観を表現するためには、絶対に正方形でなければならなかった。

このように商品のパッケージデザインや、店頭での体験も、「SNSでアテンションをどう取るか」という最終目的に最適化したクリエイティブになる。

さらに、それをみんなが真似できるかということも、意識しながら作らないといけない時代になってきた。逆に言うと、それを意識すれば無名のブランドや新しい商品でも、十分にアテンションを集めるチャンスがあるということだ。

【ストーリー戦略2．仮想敵】

㊸逆説的に熱烈なファンを手に入れる

アテンションを生み出す根本的なルールとして、それが新しく、目を引くような存在であることは重要な条件だ。

これは裏を返せば、「王道」や「定番」と呼ばれる立ち位置を、すでに他の商品や人が獲得しているということだ。新しく目を引くような存在になるためには、「王道」や「定番」に対するある種のアンチテーゼ、つまりカウンターにならなければいけない。

もし君が、これからSNSで新しく何かを仕掛けるのなら、君にとっての**「仮想敵」**が何なのかを考えてみてほしい。

僕はこれを社員に説明するときに、よくソースオブビジネス（収益源）という言い方をする。君が仕掛けようとしているものが何であろうと、そこに降って湧いたようにお金や時間が使われるわけではなく、すでに何かに使われているものを奪わなければならないのだ。それが何なのかを考え抜き、そこに応じたコンテンツを設計していくことが重要なのである。


元「レペゼン地球」（現「Repezen Foxx《レペゼン フォックス》」）のＤＪ《ディージェイ》社長《しゃちょう》氏は、以前「コムドットのファンはみんな俺たちのファンだった」というような発言をしている。事実、コムドットが大きく成長したのは、「レペゼン地球」が活動を休止している期間だった。

コムドットは「レペゼン地球」の地元ノリや、地元の仲間たちで楽しくやっている雰囲気は、きれいに踏襲している。

しかし「レペゼン地球」のような、YouTubeのコミュニティガイドラインを過度に逸脱するような動画はやらず、チャンネルが停止や閉鎖されたこともない。

ソースオブビジネスとして受け継ぐ部分と、アンチテーゼとして差別化する部分を分けてコンテンツを作っていくことで、当時のコムドットは「レペゼン地球」のアテンションを奪うことができた。

僕が動画のビジネスを仕掛けるときに考えたのも、将来動画に使われるであろうお金や時間を今持っている、「仮想敵」の存在だった。

当時、CMの圧倒的なリーチの前には、動画で勝てる要素はほぼなかった。ゆえに「仮想敵」としては成立しない。

では、企業が特設サイトや小冊子で行っているような広報活動はどうだろうか。冊子やオウンドメディアが持つ「説明する」という機能は、動画で肩代わりすることができるし、「ヴィジュアルの力でより深く伝える」という動画のメリットも活かすことができる。「流通」の観点からも、そもそも配らないといけない小冊子や、URLをクリックして来てもらわなければいけないオウンドメディアより、最初からSNSに流せる動画の方に分がある。

そこで僕は、特設ウェブサイトや冊子のテキストコンテンツを「仮想敵」とした。そこに対するカウンターとして、「今はテキストよりもヴィジュアルの時代。動画の方が伝わりますよ」という言い方をすることで、徐々にクライアントを勝ち得ていった。

受け継ぐ部分が何もないと、ソースオブビジネスは獲得できない。自分が獲るべきマーケットを定め、そのマーケットのなかの大事な部分は受け継ぎながら、カウンターとしての革新性を打ち出していく。踏襲と革新のバランスを考え、それをコンテンツで明確に示していくことが大切だ。

【ストーリー戦略3．代弁者】

⑭人々が熱狂するトピックをもっともアツく語れる、「本物の伝道師」になる

Chapter4の冒頭で、僕はトップクリエイターのパワーとして、「熱狂力・試行力・継続力」の3つを挙げた。

これらのパワーを高めるとともに、自分が生み出したコミュニティに対して貢献したいという強い思いを持ち、それがコンテンツからにじみ出ている人——つまり、コミュニティの**「代弁者」**を目指すことも、クリエイターとして抜きん出るためには有効な戦略だ。

僕は、「動画の教祖」というポジションを取っている立場上、クリエイターになりたいと

いう人からよく相談を受ける。多いのは、すでにモデルやアイドルといった活動をされていて、ＳＮＳでのプレゼンスを高めたい、あるいは「YouTube のチャンネル登録者数がもっと欲しいんですよね」といった、ちょっと軽い感じの相談だ。

僕はこういうとき、「何をトピックとして伝えていきたいんですか？」と必ず質問する。すると、みんな頭にクエスチョンマークを浮かべて、「……え、カフェ巡りとか……？」と呟《つぶや》くのだ。このようなケースがあまりにも多いので、僕はこれを「クリエイターワナビーのカフェ巡り病」と名づけている。

みんなカフェは好きだし、ＳＮＳで「カフェに行った」風の投稿をよく見るから、カフェ巡りが有効なのかもしれないと考えたとしよう。しかしそれでは、ソーシャルリスニングの解像度が粗すぎる。

例えば、君が大のコーヒー好きで、年間３００店のコーヒースタンドに足を運び、多種多様な店を俯瞰的な目で整理し、豆の産地ごとの味わいや挽き方、ローストの具合まで含めてデータ化しているというのなら、コーヒーとコーヒースタンドをテーマにしたクリエイターになれるかもしれない。それが紅茶でも、パンケーキでもフルーツサンドでも、同じくらいの熱量があるなら成立するはずだ。

けれど多くの場合は、何となくお洒落なカフェに行って、何となく甘い物を食べて帰りたい……そんな努力が何も伴わないカフェ巡りで終わってしまう程度のアクションでは、誰も君の活動を応援しない。仮に応援してくれたとしても、もともと君に興味があった人だけだろう。新たに得られるのは過剰な糖質と、その結果身につく脂肪のみ。あまりに悲しすぎる。

それではいけない。クリエイターを目指すなら、トピックというものをきちんと追究し、コーヒーやお茶やパンケーキを愛する、同じコミュニティの人々のリーダーを目指してほしい。これが前述したＫＯＬであり、パーソナル・アテンションを生むポイントなのである。

世のなかには、数々のコミュニティが存在する。各コミュニティに属する人の視座を高めたり、発見をもたらしたり、あるいは議論を活性化させるようなコンテンツを送り届けたりすることで、君はコミュニティのＫＯＬとなり、「代弁者」となる。ゆえに、君の情報発信には価値――つまりアテンションが宿ることになる。

そうなれば、魅力的なコーヒースタンドのプロモーションに協力することで、対価をもらえるかもしれないし、コーヒー好きが高じて直接コーヒー豆の産地に足を運び、農家と契約をして、オリジナルの豆を売ったりできるかもしれない。君が新しくコーヒースタンドを出すと発表すれば、今まで君のコンテンツに注目していた人が、きっとお客さんとして訪れてくれるはずだ。

しかし、自分が熱狂するトピックという軸を持たず、「代弁者」としての責任も担わずにただカフェ巡りをしていては、その先のどんな未来も達成することはできないだろう。

カフェ巡りでメシが食えると思うな！　世間はそんなに甘くねぇぞ！

ショート動画のコンテンツ設計における6フェーズ

1	リサーチ	「発明より発見」を3日ぐらいかけて行う
2	方針策定	ターゲットの中身や課題が何なのかを探る
3	仕掛け方	方針をどういう見せ方で実現するのか検討
4	制作	構成→撮影→編集の流れでスピーディーに作る
5	余白を作る	コミュニティを活性化させる種をまく
6	効果検証	エンゲージメント率を確認後、高速PDCAを回す

【ストーリー戦略4．コンテンツ設計】

㊺徹底的な「リサーチ」で、仕掛けるべきコンテンツの方向性を発見する

ショート動画のコンテンツ設計には、上図の通り6つの段階がある。

SNSやショート動画は、流行の変化が極めて速い。

従来であれば、コミュニケーションを仕掛けるときには、企画のフェーズが3ヶ月ほど、そこから3ヶ月で制作し、キックオフしてから半年後ぐらいにローンチするといったペースが普通だった。

しかしこの世界においては、今日やろうと思ったコンテンツが来月には出ていないと遅いのだ。

そこでワンメディアでは、まずソーシャルリスニング――「発明より発見」を3日ぐらいかけて行う。そこで「発見」すべきことは、主に次の3要素だ。

・対象となるトピックにおける軸となるハッシュタグ
・そのハッシュタグを構成しているコミュニティの属性
・そのコミュニティを背負っている中心人物やクリエイター（KOL）

㊻コメント欄が掲示板化するような「方針策定」を行う

それらを踏まえた上で、次の方針策定へと進む。

トピックの軸になっているハッシュタグを確認し、そのコミュニティがどんな会話をしているのか、観察しよう。人気動画のコメント欄は、スレッド化――言い換えれば掲示板化していて、コミュニティの意見交換が活発に行われている。また、優れたKOLのもとには、必ず良い意見を持ったフォロワーがいるものだ。それらを抽出しながら、ターゲットの中身や課題が何なのかを探っていく。

ここまで情報が揃えば、どのようなハッシュタグで、どんなコミュニティに対し、どのクリエイターとコンテンツを出すべきかという方針が定まっていくだろう。

㊲コミュニティの文脈を踏まえ、最適な「仕掛け方」を模索する

方針が固まったら、次はそれを実現するのに一番良い仕掛け方を考えよう。

クリエイターがシンプルに動画を作るのか。あるいはそのコミュニティを巻き込んで、みんなが動画をアップしやすいようにエフェクトを作るのか。はたまた楽曲まで作り、ダンスのような仕掛けを作るのか。

クリエイターが持つコミュニティの文脈を意識して、目的とそれを構成するパーツをきちんと整理する必要がある。

⑱字コンテで「制作」をスピーディーに進める

次の制作のフェーズにおいては、基本的にクリエイターが構成を考える。
かつては、広告代理店のプランナーやクリエイティブディレクターがやっていた仕事だが、ワンメディアではクリエイターに対してオリエンテーションを行い、彼女／彼ら自身にこれを担ってもらう。

従来のCMなら「絵コンテ」が必須だったが、この場合は「字コンテ」で済んでしまう。なぜならば、ショート動画の主役はクリエイター自身であるし、作りたい画もクリエイターが日々積み重ねてきたものだ。そのため、誰もがすぐに完成イメージを想像できる。文字で「こういう感じの構成でやります」ということを書くだけなので、時間もそれほどかからない。飛躍的なスピードで「字コンテ」が作られ、関係者に承認されると、だいたい1週間以内にはその動画が撮影される。

撮影後は、クリエイターがその動画を編集していくわけだが、彼女／彼らにはふだん自分が発信しているコンテンツのフォーマットがあるので、編集も比較的スピーディーだ。後は、それをどういうタイミングで出すかという「流通」にフォーカスしていけばいい。

69 コミュニティを活性化させる「余白」を残しておく

制作のポイントとして、エンゲージメントを高めるために意識してほしいのが、「余白」の重要性だ。いかに会話を生むかを考え、ガチガチに作り過ぎない「余白」というものを作る。それによって受け手（コミュニティ）が反応し、会話をしたり、自分で真似して動画をアップしたり……といった動きが生まれるように誘導していく。

優れたクリエイターは、自分の動画をどのように制作すれば、見た人がエンゲージメントするかを熟知している。

以前「Yahoo! マート」の依頼で、主要SNSの総フォロワー数が190万人を超え（2023年2月時点）、「ネオ無職」という肩書きの人気クリエイターである「酒村《さかむら》ゆっけ、」氏とコラボしたことがある。彼女の動画の「余白」は印象的だった。

その動画は、一人暮らしの日常のなかで、家から一歩も出なくても日用品が届く「Yahoo!

マート」の便利さを描いたものだった。

しかし、単純にそれだけではコミュニティの会話は生まれない。

この動画の締めでは「トイレットペーパーがなくなってヤバい」というところから、「庭でテント泊していた、いとこに助けてもらい、セカンドインパクトは防げた」という謎のフレーズが登場する。「字コンテ」を読んだだけでは意味不明だが、完成した動画では、このフレーズのおかげでトイレットペーパーのエピソードが印象的になり、「庭でテント泊のいとこ？　どういうこと？（笑）」といったコメントが集まっていた。

このように、「絵コンテ」にも「字コンテ」にも落とせない「余白」を、きちんとヴィジュアライズして、結果に落とし込むことができるのが、SNSクリエイターのすごさなのだ。

おそらくセカンドインパクトのくだりは、ほとんどの人にとって意味がわからないと思う。

しかし、受け手の人たちが「セカンドインパクトってなんやねん」というツッコミをすることで、コミュニティに会話が生まれ、いろいろ寄り道をした結果として「Yahoo! マート」って便利だよね、という共感につながっていく。

TikTokにおいてエンゲージメントを高めるためには、このような「ツッコミどころ」と、みんながコメントしたくなる「余白」を作ることが非常に大切なのだ。

⑩「効果検証」ではエンゲージメント率を確認する

コンテンツ設計の最終段階は、効果検証となる。

指標としては、前にも触れたように動画の再生回数だけではなく、その動画がどのぐらいのエンゲージメントを発生させたのかを重視してほしい。エンゲージメント率を高めることができれば、その動画はもっと多くのリーチを作ることができるからだ。

企業における、あるいは創作活動におけるコミュニケーションでは、「どれだけの熱狂度を生み出せるか」が鍵になる。視聴者の反応はすぐにわかるものなので、基本的にエンゲージメント率は1日単位で測定し、PDCAサイクルも1日で回すことを想定しよう。

ショート動画のようなコンテンツは、フロー型と呼ばれるように、フィードを流れていくのが特徴である。

YouTubeのようなロング動画は、過去の動画が何かのきっかけでバズる場合があるが、それはYouTubeのロング動画がストック型のコンテンツだからだ。

一方ショート動画の世界は、動画が投稿されたそのタイミングがすべて。その一定時間内にエンゲージメントを蓄積し、それがレコメンドエンジンに認められ、「おすすめ」フィードに載らない限り、その動画が今後浮上することはほとんどない。

そう考えるとPDCAを回すタイミングは、基本的に1日。あるいは動画をアップした数時間後ということになる。

ただしこれは、オーガニックでコンテンツを投稿している場合だ。

TikTokにもYouTubeショートにも、作った動画を広告配信費を使ってブーストをかける機能がある。ブーストを使う場合には、自分たちのコンテンツがどのようなユーザー層に刺さっているのかを、3日ぐらいの単位で見極める必要がある。

そもそも動画にブーストをかけるということは、そのクリエイターや動画にまだリーチしていない人に情報を届けるため、追加費用をかけるということだ。お金でリーチを買い、買ったリーチに対して適切にエンゲージメンが獲得できているのであれば、このやり方を拡大再生産していけばいい。

とはいえ大前提として、1本のクリエイティブではエンゲージメントの効果検証はできない。

最低3本以上のクリエイティブで比較・検証しなければ、そのアプローチが正しいかどうかは判断できない。ゆえにショート動画の世界では、テレビCMはもとより、ロング動画よりもさらに多くの本数を作り、たくさん試すということが大事になってくる。

では次に、ショート動画でPDCAを回す上で理解しておきたい、動画を構成する4要素について説明していく。

視聴者に響く動画を作るには、ショート動画を「体験」する必要がある。

もし君が、ふだんショート動画に親しんでいないのであれば、まずはTikTokやYouTubeショートのフィードにアクセスしてみてほしい。

フィードには、君（ユーザー）の興味に合わせて、レコメンドシステムが厳選した「おすすめ」動画が並んでいる。君はフィードに指を置き、縦方向に指を高速でスワイプしていく。その動きは、君が指を止める——つまり、瞬間的に「もっと見たい」と思う動画が出てくるまで続く。

この速度感を踏まえつつ、より多くのユーザーに指を止めてもらえる動画設計を理解す

ショート動画を構成する4要素

1 フック	開始後0.1秒で目を引くヴィジュアル、2秒目までに自己紹介
2 イントロ	6秒目までに動画の要旨を説明
3 ボディ	「アイテムトピック」「音楽」「ナレーション」「ハッシュタグ」を意識
4 エンド	コメントを誘発する余白を仕掛ける

れば、君の作る動画がエンゲージメントを獲得できる可能性は高まるだろう。

ここからは、動画をフック、イントロ、ボディ、エンドという4つのブロックに分けて、ショート動画の構成と時間設計を考えていこう。

【ストーリー戦略5．時間設計】

㉛「フック」：動画の開始直後に目を引き、自己紹介を済ませる速度感が大切

4つのブロックのなかでも、特にフックの重要性が高いのは、ショート動画の特徴の1つである。

フックにおいて大事なことは、開始0・1秒で目を引くヴィジュアルと、2秒目までに自分が何者であるかを示すことだ。

人間が自動販売機で何か商品を買うまでに決定する時間は、約2秒と言われている。これはYouTube動画でも同じで、僕も最初の2秒で「目と指」を止められるかどうか、そのフックの作り方が肝心だと常々語ってきた。

ショート動画ではさらにそのスピード感が増していて、2秒どころか0・1秒の「最初のインパクト」が勝負を決める。0・1秒というと、そこにはテキストを読む時間も、言葉を聞く時間もない。

では、何が大事なのかといえば、最初に目に入ってくるヴィジュアルだ。「0・1秒で目を引くヴィジュアル」には、次の3つの要素が必要だ。

- **クリエイターの顔が出ていること**
- **テロップでその動画のテーマを伝えていること**
- **動画の主題になっているアイテムやイシューがわかりやすいこと**

これらができたら、次は2秒以内でクリエイターの自己紹介をする。TikTokで急速に伸びたクリエイターはいずれも、2秒目までに自分が何者であるかを示している(「毎月の支出の半分をコスメに充てる女」「僕はお金持ちの付き人」など)。

ここでまず指を止めてもらうことが何よりも重要だ。その先の内容にどんなにこだわっていても、見出しをクリックしてもらえなければ、意味のないネット記事のようになってしまう。

つまり、ユーザーに指を止めてもらえなければ、悲しいかな、君の動画は存在していないことと同義なのである。

㉜「イントロ」:ユーザーを本編へと引き込む、動画の要旨の伝え方

次のイントロのパートでは、だいたい6秒までを目安として、これが何の動画なのかを簡潔に説明する(「○○を紹介します」「今日は○○をやってみるよ」など)。

フックからイントロまで、僕の体感ではYouTubeのロング動画よりも1・5倍、時間軸が圧縮されており、これまでよりずっとハイスピードになっている。

イントロまで見終わった人は、その時点で動画の続きを見るかどうかをジャッジするが、

引きのあるテロップや気持ちのいいテンポ感が作れていれば、そのまま視聴してくれるはずだ。

そのため、動画の要点を自分の言葉で魅力的に表現できるようにしておくことが欠かせない。

⑬「ボディ」：必須の4要素のセレクトで、その動画の「映え度」が決まる

フック、イントロ、ボディで「誰が何をどうやるか」を示すのがショート動画のセオリーだとすると、まさに「どうやるか（Ｈｏｗ）」の部分がボディになる。

ボディは、ショート動画におけるさまざまな文法にのっとって作られる必要があり、アイテムトピック、音楽、ナレーション、ハッシュタグといった要素のセレクトが重要になってくる。ショート動画においては、「自分がやりたいこと」よりも、**「動画映え」**を意識してセレクトする必要があるからだ。

例えばYouTubeで紹介されるコスメと、TikTokで紹介されるコスメは、実はその**「ア**

イテムトピック」の傾向が大きく異なっている。

TikTokではYouTubeよりもシズル感が重要で、カラーバリエーションや質感の違い（しっとり・ツヤツヤ・キラキラ）があり、見ていて気持ちの良さを感じさせるようなアイテムは非常に受けが良い。

一方、プチプラでも定番品など、みんなが知っていて驚きが作りにくいようなアイテムは伸びないことが多い。

この原則は、コスメ以外でも同様であるため、いろいろなことに当てはめて考えることができる。ショート動画の世界においては、視覚から生じるダイレクトな気持ち良さや驚きが、より一層求められるということだ。

次に**「音楽」**、これはトレンド音源を使うこと。

みんなが聴いている耳なじみのある音源、知らない音源よりも聴いたことがある音源を選ぶと、コンテンツの中身にかかわらずスキップされにくくなる。TikTokには、動画を見ていて気になった楽曲をセーブするという機能があるのだが、人気の曲はセーブされやすいという大きなメリットがある。

次に**「ナレーション」**に関しては、少し早口ぐらいがTikTokらしい。YouTubeやInstagramよりも速いぐらいのテンポがおすすめだ。これは編集で速くしてもいいし、ナレーションを入れるのが大変な場合は、TikTokらしくテロップを重ねていくような表現も好まれる。

最後に、**「ハッシュタグ」**について。

ショート動画は、人気のあるジャンルごとにトレンドのハッシュタグが存在している。TikTokではハッシュタグの再生回数がわかるので、自分がやりたいジャンルの動画についているハッシュタグをリサーチし、どんなハッシュタグがたくさん投稿されているのか（ハッシュタグボリューム）を確認する。そして、ある程度ボリューム感があるハッシュタグを見つけ出し、そのハッシュタグではどのような動画があるのかを研究して、そこから逸脱しない表現を見出し、動画を作っていけばいい。

㉔「エンド」：視聴者が加わりたくなる隙と雰囲気を演出する

エンドにおいては、動画を見ている視聴者に対してコメントを誘発するような投げかけ、

「余白」を生み出すことが大事だ。これは、TikTokのレコメンドエンジンと大きく関係している。

詳しくは後述するが、レコメンドエンジンはエンゲージメント、つまり視聴秒数や「いいね」、コメント数をどれだけ獲得しているかを基準に、より多くのユーザーのタイムラインに表示する「おすすめ」コンテンツを決めている。特に、ひと手間かかるコメントを他よりも多く集めている動画は、高く評価される傾向にある。

そのため、見ている人が一言発したくなるような投げかけ、「余白」を生み出すことを意識してエンドを作ってほしい。

ここまで、動画をフック、イントロ、ボディ、エンドという4ブロックに分け、ショート動画における効果的なコンテンツ構成と、時間設計について考えてきた。

コンテンツを作る際に、一気に制作しようとすると、少しプレッシャーに感じるかもしれない。判断に迷うことだってあるだろう。

しかし、ブロックごとに最適な見せ方を一つひとつ検討できれば、ロジカルに思考を整理することができ、結果として優れたひとつながりの動画を生み出すことができるはずだ。

以上を踏まえてここからは、TikTokにおける3種の発信方法について見ていくことにしよう。

【ストーリー戦略6．動画・ライブ配信・ストーリー機能】

㉟特徴を押さえた上で使い分けるべき、3つのTikTok配信手法

TikTokアカウントのコンテンツは、動画、ライブ配信、そしてストーリー機能の3つに分かれている。

メインコンテンツになる動画は、最低限、週に2本以上の投稿を目指そう。

しかし、それは最低限の話であるため、アカウントを立ち上げる段階では基本的に毎日投稿してPDCAを回すことが重要だ。そのことを忘れてはいけない。

また、最大3投稿までは自分のアカウントの一番上に固定表示する「ピン止め」が可能であるため、その3つはアカウントやクリエイターの強みを表すような投稿を入れておきたい。

次にライブ配信は、他の動画と同様に「おすすめ」フィードに流れるため、フォロワー

以外の新規のファンとつながる大きな流入元になる。

ライブ配信の条件となるフォロワー数については非公開であるものの、当初は2000人が基準となっていた。

しかし今では、そのハードルが徐々に下げられており、300〜500人前後という説もある（2023年2月時点）。他のTikTokクリエイターとのコラボ配信もできるため、コラボ先のクリエイターのファンとの交流も可能になり、新規ファンの獲得が期待できる。

最後はストーリー機能だ。

これはInstagramの「ストーリーズ」に似た機能で、画像や動画などのコンテンツを24時間だけシェアできる（投稿は24時間で自動的に消える）。通常の動画と見え方自体は変わらないが、画面に「ストーリーズ」という表記が出る。「ストーリーズ」はフォロワーの「おすすめ」フィードに掲載されるので、フォロワーとの接点を作り続けるという意味で非常に有効だ。

【ストーリー戦略7・レコメンドハック】

㊆レコメンドを制するコンテンツが、「おすすめ」フィードを制する

これらTikTokアカウントの基本を踏まえた上で一番大事なことは、レコメンドハック――つまりレコメンドエンジンをハックし、「おすすめ」フィードに載ることだ。

これまでのデジタルマーケティングと、ショート動画には決定的な違いがある。

今まではユーザーの「検索」という行動を分析し、Googleのような検索エンジンの検索結果をハックすることが、デジタルマーケティングの基本だった。

しかし、ショート動画を中心に花開いた「レコメンド」の世界においては、ユーザーが何かを検索しなくても、ユーザーの好みに応じてコンテンツが推薦される。特定のトピック、サービス、商品名を知らない状態でも、それがユーザーの「おすすめ」フィードに表示されるのだ。

自分のことをまだ知らないユーザーの「おすすめ」フィードに、どうしたら自分の動画が表示されるのかを考えよう。そうしなければ動画の再生回数も、フォロワー数も、そのコンテンツを見て自分たちの商品やサービスにお金を使ってくれる人も増えない。レコメ

ンドハックを意識することは、TikTokで動画を作り、アカウントを運用していく上で極めて重要なポイントなのである。

60ページの図にもある通り、ショート動画ならではのレコメンドの流れを、TikTokは「興味からズドン」と表現している。TikTokの特性は、従来のデジタルマーケティングよりも圧倒的に、アッパーファネルから一気に「興味・関心」を突き抜けて「購入」につながることだ。

なぜ、このような「TikTok売れ」と言われる現象が起きるのか？

それはおそらく、レコメンドの根拠となっているのが、自分自身でも気づいていない本質的な欲望だからだろう。はっきりと認知していなかった潜在的な「自分」の興味に最適化された情報、それによって秘めていた欲望が顕在化することで、「比較・検討」というファネルを飛び越して「購入」へと至らせるのである。

これを**「リバースエンジニアリング」**の手法で逆説的に考えると、コンテンツを作る際、自分たちの商品・サービスが未来のお客様に「おすすめ」されるように作ることが、いかに重要であるかがよくわかる。

【ストーリー戦略8：エンゲージメント率】

⑰アカウントやコンテンツの存在を知ってもらう成功の鍵は、エンゲージメント

TikTokに限らず、YouTubeショートや、Instagramのストーリーズ、発見タブなど、今や主要SNSの多くがレコメンドエンジンを備えており、ユーザーはプラットフォームからの「おすすめ」によって新しい情報を仕入れている。

本書では、TikTokを具体例として説明していくが、その裏側のアルゴリズムはほぼ共通であるため、YouTubeショートやInstagramでも応用が可能だ。

「おすすめ」機能というものは、基本的には「一定のコンテンツを投稿後、一定の時間内で『いいね』、コメント、セーブ（保存）、シェア、再生完了率などの数値が良いと、より多くのユーザーに拡散される」というアルゴリズムが原則になっている。

これらの数値が示すのは、投稿に反応したユーザーの割合が高いということであり、この割合を**「エンゲージメント率」**と呼ぶ。このエンゲージメント率を高めてレコメンド枠に入り、多くの人の「おすすめ」フィードに表示されることが、まずはアカウントやコン

テンツの存在を知ってもらうための成功の鍵となる。

エンゲージメント率を高める方法としては、次の3つのポイントを押さえておきたい。

①投稿数を増やすこと

最低でも週に2回は投稿して、活動的なアカウントであることをシステム側に示す。

②事前告知をすること

投稿後、一定の時間内に高いエンゲージメント率を出さないとレコメンドされないため、他のSNSも含めて、フォロワーに「今日の何時に動画を投稿するから見てね」といった事前告知をしておき、初速の数値を良くする。

③コメントしたくなる動画内容にすること

前述の「エンド」において、「○○について教えて」「コメ返《へん》しします」「リクエスト待ってます」など、ユーザーがコメントをしたくなるような「促し」を入れる、もしくは「余白」を用意すること。こうしたコメントを介して、ファンとの親交を深め、「おすすめ」フィードに載る条件であるエンゲージメント率を高めよう。

【ストーリー戦略9．コメ返】
⑱作って届けて、会話する

エンゲージメント率を高める3つのポイントのなかで、とりわけ重要なのが3つ目の「コメ返（コメント返し）」だ。

動画のエンドでツッコミどころや「余白」を作っておくと、見た人がコメントをしてくれる。そのコメントをスルーせずに、きちんと「コメ返」をしていくと、相手がさらにコメントを返信するなどして、1つの動画あたりのコメント数が増えていく。コメントのやり取りに積極的なクリエイターだと思われれば、次の動画でも返信を期待してコメントをくれるユーザーが増えるかもしれない。こうした地道なやり取りが、エンゲージメントの土台を作る。

本書を読んでいる人のなかには、企業のSNS運用担当者も多いのではないかと思う。君たちのもっとも重要な仕事の1つが、実はこの「コメ返」なのだ。「作って終わり」ではなく、作って届けて、さらに会話するということ。それが、これからのコミュニケーションやマーケティング担当、ＰＲパーソンに求められることではないだろうか。

TikTokのライブ配信でも、「おすすめ」フィードに載るためには、視聴者の活発なコメントが必要となる。メインの動画のコメントと違うところは、TikTokの場合はフォロワー外の人も閲覧可能であること。つまり、新しく入ってきたフォロワー外の人がコメントをしてくれるかどうかがポイントになるのだ。

ライブ配信サービス「SHOWROOM」社長の前田裕二《まえだゆうじ》氏や、モテクリエイターのゆうこす氏は、ライブ配信をよく**「スナック」**にたとえている。

ライブ配信をするライバー（クリエイター）は、スナックのママ。スナックはママが１人で切り盛りしているようでいて、実はお客さんと一緒に店の空気を作っている。その空気感の作り方が、ライブ配信と共通するのだという。

ふらりと店に入ってきたお客さんにエンゲージメントしてもらうためには、ママのみならず常連のお客さん、つまり既存のフォロワーであるファンの協力が重要になる。そこで、ネタの振り方や「余白」の作り方など、ある種のフォーマットを作っておく。そうやって既存と新規のフォロワーの連携を促進することで、ファンが増えやすくなる。

一見《いちげん》のお客さんでも参加しやすいように、画面上で「今日のライブの趣旨」をわかりやすく示す、コメントを誘導するような仕掛けを作る、といった工夫もぜひやっておこう。

【ストーリー戦略10．TikTok売れ】
㊴ショート動画と相性が良く、ヒットにつながりやすい「有形商品」

59ページでも少し触れたが、2021年は「TikTok売れ」という言葉が世間をにぎわせた。

しかし本当に、ショート動画は購買行動に直結するのだろうか？

結論から言えば、僕の答えは「イエス」だ。バイトダンスが打ち出す「興味からズドン」というフレーズの通り、常にそれは現象として確認されている。だがそこにおいて、ショート動画の恩恵を受けやすいものと、そうでないものの違いはもちろん存在する。

恩恵を受けやすいもの、それは一言で言えば有形の商品だ。

例えばコスメ、食品、ファッションのようにスマホの画面内に収めやすく、パッと日常的に買いやすい価格帯、みんながすぐに真似できる商品は、ショート動画と非常に相性が良い。特に美容の場合は、アイテムやサービスを利用したことによるビフォーアフター動画の人気が高く、強烈なインパクトでユーザーを惹きつけている。

また、ヴィジュアルコンテンツやショート動画は、自分の趣味・嗜好を表現するのに向いているため、趣味性が高いものは高額な商品でもおすすめだ。TikTokではインテリアや家のリフォーム情報が大人気だが、これらは高額だからこそ情報が重要であり、テキストよりもヴィジュアルを伴うショート動画で学んだ方が、わかりやすいというメリットもある。

TikTokでも、2023年は**「車」**の広告が多く出稿されるという予測がある。ワンメディアでは、トヨタ自動車のTikTok動画を制作した実績もあるが、今後は乗用車のような高価格帯の商品に関するショート動画が増えていく可能性は高い。

こうした分野は、先に述べた「動画クリエイターマッピング」の定義におけるプロフェッショナル型とマッチングしやすいため、この型に属するクリエイターはさらに活躍の場を広げていくだろう。

⑳無形の商材では、クリエイター自身が可視化された商材となる

一方、ショート動画に向いていないのは、無形の商材やサービスである。

これらは有形の商品よりも、コンテンツの制作難度がやや上がる。有形の商品なら、カメラで撮影すればコンテンツの土台は作れるが、実体のない商材は撮影できない、つまりそのままでは動画にならないからだ。

例えば、無形の商材の代表格として金融があるが、TikTokの財テク系クリエイターの多くは「顔出し」で活動している。彼女／彼らはコンテンツ設計のセオリー通りに、冒頭から6秒目までに自分が誰で、これから何をするのかを示し、グラフィックを駆使しながら自分の言葉で、その動画のトピックを解説している。

無形の商材・サービスは映すものがない以上、クリエイターが自らカメラに映り、わかりやすく表現することが重要なのだ。

テキストで学ぶよりもわかりやすい表現ができれば、ユーザーから高いエンゲージメントを得ることができ、結果的に商材・サービスの利用につながる。

ビジネスパーソンが無形の商材をテーマに動画を制作する際、アイデアに自信がなけれ

ばワンメディアのような会社に依頼するのもいいし、その分野を専門とするプロフェッショナル型クリエイターと組んで発信するというのも有効な手段だ。

これからのショート動画に欠かせない10のキーワード、気になるものはあっただろうか？　手軽にできそうなものから、ぜひチャレンジしてみてほしい。

#「顔出しなしでも
ウケる動画」は作れる

▶

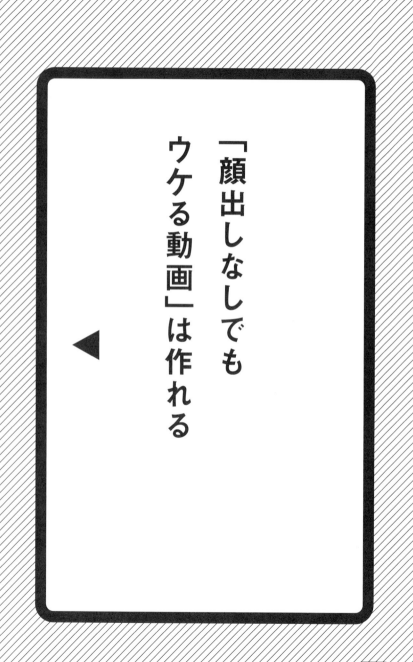

さて、ここまでショート動画を作る上で重要なキーワードを見てきたが、自分がクリエイターになる場合、できれば「顔出し」なしでやりたいと考える人もいるかもしれない。

【クリエイター戦略1．顔出し】
㉛ヴィジュアルで動画テーマを語りつくす

アテンション獲得の基本は「顔出し」だが、顔出しなしでも成立している人気動画やクリエイターもいる。この場合の主役は、クリエイターではなくアイテムだ。

例えば、美容系TikTokerのありちゃん氏は、当初は顔出しをせず、自分の手の甲にコスメを塗って、色合いや肌なじみを表現していた。

スマホ1台でカッコいいショート動画を作るスゴ技が人気の、ああああつし氏も、写真・動画の技術がコンテンツのメインになっているため、本人が登場しない動画もある。

本人が出なくても、ヴィジュアルだけでクリエイターがやりたいトピックが伝わってくるのなら、それは動画として成立するということだ。

「顔出し」は、勇気さえあれば誰でもできるやり方なので、本書ではスタンダードな原則として紹介している。

だが、こうした原則から逸脱する場合は、それなりのクリエイティビティや工夫が必要になる。この工夫がうまくできれば、本人が顔出しをしなくても、人気の動画を作ることができるだろう。顔を出すことに抵抗がある人は、ぜひそういう動画を「発明より発見」してほしい。

動画のトレンドや
フレーミングの注意点

【クリエイター戦略2. フレーミング】

❽縦型動画ならではの流行や「セーフゾーン」に注意する

ショート動画を作るときは、コンテンツの方向性や、縦型ならではのフレーミングのトレンドを押さえておく必要がある。問題は、その動向がかなり頻繁に変わることだ。

例えば直近では、「TikTokを知り尽くしたクリエイターによる、いかにも「TikTokらしい」動画よりも、あまり「らしくない」動画が逆に好まれる傾向がある。YouTubeから進出したとあるクリエイターも、出だしこそ「TikTok映えしない」とスべっていたが、最近になって、その素朴な情報発信が「TikTok映え」に飽きてきたユーザーに注目され、再生回数を伸ばし始めている。

僕の経験上、こうしたトレンドは対極から対極への揺り戻しであり、今後も映えから素朴へ、素朴から映えへと交互に移り変わっていくだろう。いずれにせよ「発明より発見」の精神で、その時々のトレンドに対して敏感になることが大切だ。

また、ショート動画のフレーミングでは、**「セーフゾーン」**についても注意してほしい。

従来のテレビＣＭやロング動画では、画面に動画以外の要素はオーバーレイしてこなかった。

しかし、TikTokやインスタのリール、YouTubeショートといった縦型のショート動画では、コメント欄やアイコン欄、ユーザーが触れるＵＩ（User Interface：ユーザーと製品・サービスとの接点。以下、ＵＩ）のゾーンなど、多くの要素がオーバーレイするという特徴がある。

セーフゾーンとは、それらとかぶらない画面領域のことであり、大事な要素（自分の顔、トピック、アイテム、テロップなど）は、このなかに収めるように編集しよう。画面すべてを自由なキャンバスとして使えていた、テレビＣＭやロング動画とは違うということを、頭の片隅に入れておいてほしい。

大原則は「1動画1メッセージ」

【クリエイター戦略3．メッセージ数】
⑧③情報を凝縮しつつも、一番伝えたいことは1つに絞る

情報発信者としての「これを言いたい」という部分と、情報受信者の「こういう動画を見たい」という駆け引きに、ジレンマを感じるクリエイターもいるかもしれない。

このさじ加減を身につけるためには、従来のロング動画とは考え方を変える必要がある。

ショート動画の大原則は**「1動画1メッセージ」**だ。パワーポイントやキーノートを使ったプレゼン資料作りでは、よく「1スライド1メッセージ」に収めることが重要と言われるが、ショート動画もそれと同じで、メッセージを1つに集約することが大切なのだ。

ショート動画という短い時間軸においては、最初から6秒目までの「誰が何をどうやるか」に一点集中して動画を作ること。言いたいことが複数あるのなら、その数の分だけ動画を作る覚悟で臨んでほしい。

ショート動画における「フォロー」の力学

【クリエイター戦略4.チャンネル登録・フォローの力学】

84 強制力が弱い、ショート動画系プラットフォームの仕組み

YouTubeに比べて、ショート動画系のプラットフォームは、チャンネル登録・フォローの圧力が弱い。

まずは、YouTubeの特徴から説明しよう。

YouTubeで何かの動画を視聴し始めるときの導線は、3種類に分類される。

1つ目は、ユーザーがGoogle検索やYouTube内の検索など、目的意識をもって動画にたどり着く導線。2つ目は、他のSNSで誰かが投稿していた動画へのリンクを踏んで、遷移してくる導線。3つ目は、YouTubeのホーム画面からサムネイルをクリックする導線だ。

基本的にYouTubeでは、自動再生機能をオンにしない限り、動画を見た後は何かをクリックしないと次の動画が始まらない。クリックが起点になっているため、次の動画を見るためにも、「自分が好きなクリエイターのチャンネルを登録しておこう」となる。

YouTubeは過去のコンテンツも含めて楽しめる、ストック型のプラットフォームとしての特性が強い。そのためユーザーにとっては、チャンネル登録する必要性が自ずと高くな

る。登録しておけば、そのチャンネルの過去の動画を簡単に見ることができるし、新しい動画が追加された際には通知が届くからだ。

ところが、TikTokに代表されるショート動画はストック型というよりも、フロー型に近いプラットフォームである。

レコメンドエンジンが、今見るべき人気の動画や、視聴傾向から割り出したユーザーの好みに合いそうな動画を、ユーザーがクリエイターをフォロー（YouTubeでいうところの「チャンネル登録」）していなくても、「おすすめ」フィードに勝手に出してくれるからだ。

つまり、フォローなどのアクションをしなくても、その人にとって面白い動画がどんどん最適化されて、デバイスに表示されるようになる。チャンネル登録・フォローの重要性が、YouTubeやInstagramのようなプラットフォームよりも薄れているのだ。

ただし、これは現状の話だ。

TikTokにも、相互フォローの状態の「友達」のコンテンツが表示される「友達」タブという機能があり、今後はフォローの存在感が増す可能性がある。

とはいえ、プラットフォーム自体の「フォローさせる」強制力が弱まっているがゆえに、ユーザーにフォロー・チャンネル登録してもらうためのクリエイター側の努力が、より必要になっているとも言えるだろう。

ショート動画のクリエイターとして成功するためには、レコメンドエンジンに「おすすめ」されることが大前提だ。ユーザーはまだ君のことを知らないが、「おすすめ」フィードに載れればたくさんの人が見てくれる。

「おすすめ」フィードでの戦いは、スポーツにおける地区予選のようなものだ。

ここを突破するためには、投稿後一定時間内にエンゲージメントを獲得し、それによってまだ君をフォローしていない誰かのタイムラインに、君の動画がレコメンドされるようになる必要がある。それを繰り返すことで、徐々に君のことをフォローする人が増えていくだろう。試行回数を増やしてエンゲージメントを生むことで、君のアカウントへのアテンションを作っていくということだ。

それができれば、次は県大会だ。

フォロワー数や配信コンテンツの品質(評価基準は非公開)が運営側に認められると、ライブ配信のような上級者向けの機能が使えるようになる。そこを勝ち上がるためには、それなりの実力と周囲からのサポート——応援してくれるファンが必要だ。ファンコミュニティがあれば、クリエイターは安定してヒットが出せる。すると、コンテンツ投稿後のエンゲージメントの初速が大きく異なってくる。

そうなると今度は、県大会を突き抜けて全国大会だ。

全国大会で優勝——つまり、動画の再生回数が１Ｍ（１００万）を毎週達成するようなレベルになれば、いよいよ君も有名なショート動画クリエイターの仲間入りができる。

気になる「コスト」のアレコレ

【クリエイター戦略5．マネタイズ】

㉟理解しておきたい、クリエイターに支払うべきコストの相場感

SNSにおけるショート動画のマネタイズについて、少し話しておこう。

まず、クリエイターに対して支払われるコミュニケーションの金額は、**「フォロワー数×業界の相場」**で決まる。業界の相場は、いくつかの要因によって変動する。

例えば、その人がどんなジャンルのクリエイターなのか？　動画で発信している情報のカテゴリーは何か？　抱えているフォロワーの年齢層や性別は？　といった複合的な要因が絡み合って決まってくる。

とはいえざっくり計算すると、平均で2円前後といったところだろうか（2023年2月時点）。つまり、50万フォロワーを抱えるクリエイターにPR動画の投稿をお願いしようと思うと、約100万円かかることになる。

しかしこれだけでは、その人のフォロワーにしかコンテンツが届かない可能性があるため、広告でブーストをかける――これがいわゆる運用型広告との組み合わせである。Tik

Tokでは、クリエイターの投稿した動画と運用型広告を併用するやり方のことを、Spark《スパーク》 Ads《アズ》と呼んでいる。

もし、企業アカウントが10万フォロワーを達成すれば、一つひとつの投稿には、媒体費として20万円分の価値があることになる。

仮に1ヶ月間にわたり1日に1回、100万フォロワーのクリエイターに何らかの投稿をお願いしようとすると、フォロワー数(100万人)×相場の金額(2円)×日数(30日)＝6000万円。1年間なら、7億2000万円の費用が発生する。

けれども、自社アカウントで100万フォロワーを達成したなら、それだけの価値を自社で生み出せるのだ。自社のコンテンツ制作・発信能力の幹を太くしていくことが、いかに大切かがわかるだろう。

㊻自社とクリエイター、双方にアテンションが得られる仕掛けを考える

コストについて考える上で、1つ忘れてはならないことがある。

それは、クリエイターもまた自らのプレゼンスを高めるために、アテンションを欲しているということだ。

例えば、SNSのフォロワーは少ないが、世間での知名度が非常に高い——つまりデジタルにあまり熱心ではないが、テレビCMはバンバン流している、といった企業からオファーがあったとする。

この場合、クリエイター側も「フォロワー数×2円」の相場ではなく、特別な価格で引き受ける確率が高い。そういった有名企業の高い認知度を活用して、自らをブランディングしていきたい、アテンションを手に入れたいとクリエイターは考えるからだ。

お金というものがコモディティ化している現代では、アテンションがお金を超える貴重な資源となっている。

それゆえに今、企業側の企画担当者にとって大切なのは、**「クリエイターにとっても、良いアテンションが得られるような仕掛けを考える」**という視点だ。クリエイターの文脈に合うような仕事にする、ファンコミュニティが喜ぶようなコンテンツにするなど、仕掛けの方向性はいろいろあるだろう。

単なるお金のためだけの仕事にしてしまうと、予算は結果的に高くなるし、良い結果を出すことも難しい。

クリエイターにとって、お金以外のリターンが得られるような企画をプロデュースすることが大切だ。お金以外の部分で、クリエイターの本気を引き出す。それが現代のマーケティングやコミュニケーションを担う、ビジネスパーソンの必須スキルだと僕は考える。

ショート動画の費用対効果とは？

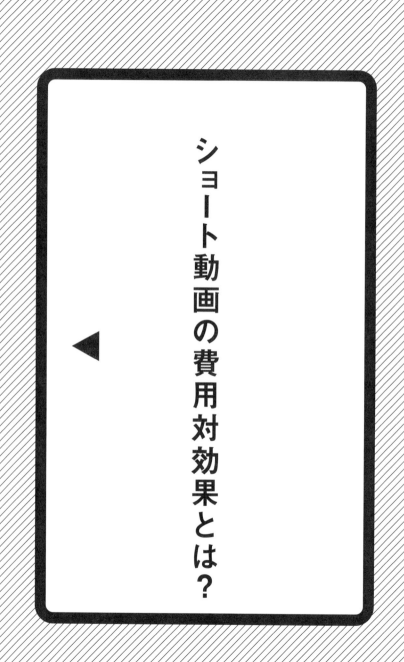

【クリエイター戦略6．コスパの良い動画制作】

❽❼「発明より発見」で、初期コストを抑える

「そうは言っても、やっぱり動画ってお金がかかりますよね」とよく言われる。確かに、YouTube時代までのロング動画であれば、機材や編集のコストがあるため、それなりの費用がかかっていた。

しかしショート動画は、スマホ1台で撮影→編集→配信→流通まで完結できるので、実は制作コストという面ではそれほどかからない。

より重要度が高まっているのはアイデアであり、そのアイデアを再現性をもって生み出せるようになることが重要だ。

アイデアを自分たちで考えるのは難しいから外注しよう、代理店に依頼しよう、クリエイターに丸投げしよう！　そうやって楽をすると、それ相応の費用が発生するのは当たり前だ。

低予算で高い効果を生み出すためには、自分のアタマをちゃんと使わなければならない。楽してコスパだけ良くできるなんて、そんな都合のいい話は存在しないのだ。とはいえ、

少しでも効率よくやりたいという気持ちはわかる。

そこで重ねて強調したいのが、ソーシャルリスニングのポイントとして述べた「発明より発見」である。

今、君が「ショート動画を作れ」と言われて立ちすくんでいるとしたら、それは「面白い動画を思いつかないといけない」というプレッシャーのせいかもしれない。

そうではなく、面白い動画というものはすでにどこかに「ある」のだ。

⑧⑧ハッシュタグボリュームの大きな話題を狙って投稿する

具体的な方法としては、コミュニケーションの対象となるブランドやプロダクトやサービス、商材の周辺ハッシュタグから、支持されている動画とその共通点を探していけばいい。

例えば「スキンケア」であれば、「#肌悩み（470万回視聴）」や「#肌質改善（1億5350万回視聴）」、「#垢抜け（53億回視聴）」など、商材を中心とした周辺領域にいくつかのハッシュタグが存在している（2023年2月時点）。そのなかで、ボリュームが大きい（そのハッシュタグでたくさん動画が投稿されていて、ハッシュタグ自体の再生回数も十分にある状態）ものを探そう。ハッシュタグボリュームを調べれば、そのなかで人気の動画とそうじゃない動画があることがわかってくる。まずはこれらをよく観察しよう。

人気の動画をよく観察すると、そこに「発見」があるはずだ。共通するエッセンス、動画の型、音楽、効果音、トピックといった要素のなかから、自分たちが応用できるものを「発見」し、それを活用して企画する。それができれば、低予算であっても高い効果を出すことができるだろう。

もし自分たちでうまくできなかったら？　その時はすぐに僕の会社まで連絡をくれ！お仕事、待ってます！

ブランド毀《き》損《そん》リスクも、コスト意識の範《はん》疇《ちゅう》に入れる

【クリエイター戦略7.リスクマネジメント】

89 TikTokでノウハウを培った者だけがスタートダッシュを切れる

よく、TikTokをビジネスで活用する際のリスクについて質問を受ける。いわゆるSNS関連のあれこれではなく、TikTokの運営会社が中国であることに関連したものが多い。

これは僕自身の経験なのだが、とある大企業にTikTokの提案を進めていたときに、「こういうことがあるのか」と驚いたケースがあった。

提案は順調だったのだが、「中国が運営元の会社に広告宣伝費を投下することに懸念がある」と相手先から突然言われ、プロジェクトにストップがかかってしまったのだ。こうした考え方は今もゼロではないが、現段階では多くのナショナルクライアントが当たり前のようにTikTokを活用している。

ビジネスには取るべきリスクと、取るべきではないリスクがある。

そもそも、日本の企業が単純にTikTokに動画を出す分には、運営会社が中国資本だからという理由で炎上する可能性はまずないだろう。そこをリスクとして考えるというのは、僕はあまり意味がないと思っている。

一方、これから起こりうるリスクとして、アメリカでTikTokに対する規制を求める動きがあることには注目した方がいいだろう。もしも今後、アメリカで利用禁止のような措置がとられた場合、積み上げたTikTokアカウントが消滅する可能性があることは、頭に入れておく必要があるかもしれない。

しかし、たとえそうなったとしても、ショート動画がスタンダードになっていく時代において、YouTubeを始めとするプラットフォームが、代替となるアプリケーションやサービスをすぐに提供するのは明らかだ。

そのときに、いち早くスタートダッシュを切ることができるのは、ショート動画のノウハウをTikTokで蓄積してきた会社なのではないだろうか。

⑩信頼できる相手かどうかの確認が、炎上リスクを減らす一助となる

次に、個別の炎上リスクについて。

クリエイターやインフルエンサーと仕事をする場合、炎上のようなブランド毀損のリスクを心配する担当者もいるだろう。確かに、個人で活動しているクリエイターは、従来の広告代理店や制作会社のやり方と比べると、炎上に対するリスクマネジメントはラフな面があることは否めない。

とはいえ、広告代理店や制作会社が入れば炎上しないのかというと、決してそんなことはない。特にこの数年は、ジェンダーバランスやDE＆I（ダイバーシティ、エクイティ＆インクルージョン。以下、DE＆I）の視点の欠如から、イベントや広告が炎上した事例がたくさんあった。

従来の男性主導の会議室で作られるような広告は、ジェンダーやDE＆Iに代表される「新しい常識」に対応できていないのだ。

この点では、SNSに慣れ親しんでいるクリエイターの方が、世間の新しいスタンダードに対して敏感であることから、炎上のリスクが少ないとも言える。

その上で、個別の炎上リスクを回避したいのであれば、クリエイターの過去の投稿を含めた発言に目を通し、実際にちゃんとお会いして、信頼できるかどうかを確認するべきだろう。その人の経歴や人となりを、きちんと確かめずに仕事を丸投げしてしまうから、炎上のリスクが高まるのだ。

炎上の多くは、クリエイター個人にきちんと敬意を払って接することで、十分に回避できる。君が「インフルエンサー、クリエイターとやると炎上する」と思い込んでいるとしたら、それは単に仕事をサボっていただけかもしれないぞ。

TikTokの次は何がくる?

91 自社独自の経済圏を構築するには、基幹システムから攻める

「TikTok の次は何が来ますか?」と聞かれることがある。

その答えとして期待されているのは、おそらくVR(Virtual Reality:仮想現実。以下、VR)やAR(Augmented Reality:拡張現実。以下、AR)、メタバースに関連することだろう。

この3つはよくひとくくりにされているけれど、僕は少し違和感がある。VRやARがテクノロジーの話であるのに対して、メタバースは概念の話だからだ。

例えば、オンラインゲーム『フォートナイト』は、ある種のメタバースになっている。『フォートナイト』がすごいのは、そのなかで音楽アーティストがライブをしたり、「スキン」という『フォートナイト』内でキャラクターが着る衣服が売れていたりと、メタバース内の経済圏が確立されていることだ。

『フォートナイト』を運営するEpic《エピック》 Games《ゲームズ》は、明らかに将来のソーシャルネットワークの社交場がメタバースになると確信している。

Epic Gamesでは、自社が開発した「アンリアルエンジン」というゲームの基幹システムを外部に提供しているのだが、そのライセンス料が異常に安いのである。他社のゲームエンジンの利用料は約20%、つまりゲームの収益の約20%を提供元に払わなければいけない。しかし、「アンリアルエンジン」のロイヤリティは、最初の100万米ドルまでは無料で、それを超える場合のみ5%となっている（2023年2月時点）。

Epic Gamesは、将来的に「アンリアルエンジン」で作られたすべてのゲームを、『フォートナイト』を軸にしたEpic Gamesのメタバース世界に接続することを考えているのではないだろうか。この構想は、MARVEL《マーベル》の原作コミックすべてのキャラクターが1つの世界観を共有し、相互のストーリーに登場するマーベル・シネマティック・ユニバースを想像するとわかりやすい。

つまりEpic Gamesは、自社のメタバース帝国を作るための周到な準備として、その世界のベースを作るエンジンをばらまき続けているのだ。

㉒メタバースが可能にする未来においても変わらない、ヴィジュアルの重要性

おじさんたちがいまだにFacebookを、アラサー女性がInstagramをアクティブにやり続けるように、多くの人は自分がもっとも使い慣れたプラットフォームを捨てられない。今、『フォートナイト』に夢中な小中学生たちが働く世代になったときも、同じ道を歩むはずである。

自分が最近どんな仕事をしているのか、どんな日常を過ごしているのかを表現する場所として、「アンリアルエンジン」ベースのメタバースＳＮＳを選ぶということは、十分にあり得ることだ。

だからこそ旧Facebookは、Meta《メタ》に社名を変更してまでメタバースに投資をしているし、マイクロソフトはゲーム会社のActivision Blizzard《アクティビジョン・ブリザード》を、日本円にして約７・９兆円で買収しようとした。将来のコミュニケーションの中心となるのは、３次元コンピュータグラフィックスで作られた、もう１つの世界であると踏んでいるからだ。

2030年や2045年のWindowsは、メタバースのなかで使われるOSになっているかもしれない。マイクロソフトも、ChatGPTを保有するOpenAIに、複数年で合計100億ドルを投資する方向で交渉を進めている（2023年1月時点）。メタバースのなかで、君を助けてくれるアシスタントは間違いなくAIであり、コミュニケーションの方法はチャット――おしゃべりになることは自明だろう。

では、そういう未来にクリエイターがどうなっているのかというと、正直なところそれは僕にもわからない。ただ1つ言えるのは、結局メタバース世界というものは、ヴィジュアルコミュニケーションの世界であるということだ。

君がメタバースのなかで、何か広告的なコミュニケーションをしようとするときは、テキストではなく、画像や動画になるだろう。なぜならメタバースはつまるところ、バーチャル世界のリアルな視覚体験なのだから。

であるならば、ヴィジュアルコミュニケーションに関わるクリエイターというものは、時代が変わってもずっと求められ続けるのではないだろうか。

例えば今、ワンメディアではTikTokのエフェクト制作に力を入れている。

エフェクトは、誰かがヴィジュアルで表現する際の助けになるツールだ。そのエフェクトを作る、要は「誰かがクリエイティブを作るためのツールを生み出す」ことが、以前に比べるととても重要になってきた。たくさんのクリエイティブを作るよりも、たくさんのクリエイターを生み出す、もしくは育てる方が、結果的に大きなインパクトを出せるからだ。

そう考えると、クリエイティブやクリエイターの形も、デジタルに限らずさまざまなジャンルで概念が広く、大きくなっていくのかもしれない。

Chapter 5

今を生き抜き、未来で勝ち抜く、武器としての「動画」

動画がなければ生まれなかったもの。

僕の半径5メートルで言えば、それはサウナブームや予約困難店だったり、40歳にして始めたゴルフなのだろう。

そんなふうにして、動画がきっかけになって生まれたものが、SNSを使っている人の数に比例して存在するはずだ。

前作『動画2・0』のサブタイトルを「VISUAL STORYTELLING」にしたのは、テキストという左脳に最適化したプロトコルではなく、ヴィジュアルという右脳に直接届くコミュニケーションこそが、これからの未来をつくっていくと信じたからだ。

ラスコーの壁画（ヴィジュアル）は、今から2万年も前の人類によって描かれたと言われている。

一方、文字（テキスト）は紀元前3000年頃に使われ始めたと言われているから、人類はヴィジュアルでコミュニケーションしてきた歴史の方がずっと長い。

だけどテキストにはどうしたことか、凄まじい権威性がある。動画を見るよりも、本を読む方がどうにもほめられてしまう世のなかだ。かつて、多くの人にメッセージを伝えるためには、テキストというメディアを活用せざるを得なかった。

よく言われる世界三大発明は、「火薬」「羅針盤」、そして「活版印刷術」だ。火薬は身体能力に依存しないパワーを生み出し、羅針盤は海を越え、新しい世界への扉を開き、活版印刷術は特権階級だけが得ていた知識を多くの人に伝えることで、その後の市民革命の礎を築いた。活版印刷術によって、メディア（媒介）というコミュニケーションのスケーラビリティを飛躍的に引き上げる概念が生まれたのだ。

PIVOT《ピボット》代表の佐々木紀彦《ささきのりひこ》氏は、「メディアは教育という側面を持つ」という。自分が若い頃に多く触れてきたメディアの形式こそが偉いという錯覚は、そうして生まれるのではないだろうか？

僕のようなアラフォー世代は、教科書とにらめっこして義務教育期間を過ごし、新聞でニュースを知り、メールを書いて仕事をこなしてきた。だからこれからの世代も当たり前のように、テキストがコミュニケーションの基盤だと考えてしまいがちだ。

しかし、それはある意味で間違っている。正しくは、こうなるだろう。

「これまでは、個人がメディアとして扱えるものが、テキストメディアだけに過ぎなかった」

もしモーツァルトが今生きていたら、楽譜なんて書かずに自分が作った曲を演奏し、藤井風《ふじいかぜ》氏のように動画に撮って、YouTube にアップしているはずだ。

モーツァルトは35年という生涯のなかで、626曲もの作品を残した。彼の有名なエピソードに、イタリア・ローマのシスティーナ礼拝堂でのみ聴くことのできる「ミゼレーレ」を1度聴いただけで丸暗記した、というものがある。

9声部からなる難解な合唱曲を、たった1度聴いただけで楽譜に書ける人間は、自分の曲を五線譜に記していくようなことは本来したくなかったはずだ。

ヒップホップ史上もっとも偉大なラッパー、ジェイ・Zは、これまでのリリックを1度も紙に書かず、すべて暗記していると明言している。彼の生み出す音楽は、テキストメディアに記すまでもなく、音源ファイルとして、ミュージックビデオとして、そしてライブパフォーマンスとして、記録され配信されていく。

もしピカソが今生きていたら、間違いなくインフルエンサーマーケティングをしているはずだ。

20世紀を代表する芸術家であるピカソが、アートビジネスにおいて画期的だったのは、自分の絵を売り込むマーケティング戦略を自ら実行したことにある。彼は友人たちに頼んで、さまざまな画廊に「ピカソの作品はあるか?」と尋ねてもらっていた。そんなやり取りがあった後に、彼自身が画廊に売り込みに行けば、すぐに作品を扱ってもらえるというわけだ。

これはInstagramを中心に展開される、「今日は私が愛用しているアイテムを紹介します」「この夏、マストなアレを絶対手に入れたい!」といったムーブと本質的には同じだ。

ピカソには、画商たちをアトリエに呼びつけて「この作品はこういう文脈で、こんなことを考えて、だからこの表現なんです」と説明をし、その場でオークション形式で販売を行い、自分の絵の価値を高めていったなんて逸話もある。

今なら「ジャパネットたかた」みたいに、ライブ配信で新商品の説明をしているかもしれない。

テキストでインプットすることに優位性があるものは、アウトプットもテキストなものに限定されるのではないだろうか。

日本の学生が何年も英語を勉強するのに、英会話はできず、それでいてリーディングとライティングを高いレベルでこなせてしまうのは、その勉強のインプットとアウトプットのほとんどが、テキストで行われているからだ。

今、世界中でスポーツ選手たちの記録が飛躍的に伸び始めているのは、「ビデオ指導」のおかげだと言われている。選手は優れたフォームを動画で学び、自らのフォームを動画で振り返り、修正していく。

僕が中学生の頃は、フォームは体育の教科書で学ぶものだった。僕にはちんぷんかんぷんで、「運動音痴」なんてからかわれた苦い記憶がある。

今僕はゴルフにハマっているが、YouTubeにもTikTokにもインスタにも、ゴルフの動画をアップしているクリエイターがたくさんいるので、メキメキ上達している。なぜなら、ゴルフのアウトプットはテキストではなく、身体の動き――つまりヴィジュアルなのだから。

でも、こんなふうにヴィジュアルでインプットができるようになったのは、個人がスマートフォンというカメラによって、動画というヴィジュアルコンテンツを生み出し、また個人がスマートフォンというスクリーンによって、それを見ることのできる時代になったからだ。そしてこの変化の歴史は、まだたった10年しかないのだ。

僕らは今、テキスト優位だったこの数百年から、ヴィジュアル優位になるこれからの数百年の分水嶺《ぶんすいれい》に生きている。

ファッション、料理、カフェ巡り、インテリア、イベント、音楽、スポーツ……衣食住にくくられる生きる楽しさは、テキストではなくヴィジュアルコンテンツにシフトしていく。このことはもはや間違いない。なぜならそのどれもが、アウトプットはヴィジュアルになるのだから。

テキストにはせいぜい数千年の歴史しかない。僕らは2万年も前から、ヴィジュアルコミュニケーションを行ってきた生き物なのだ。

だからこそ、未来はヴィジュアル化する。

このChapterは、そんなヴィジュアル化した世界へのパスポートになるはずだ。ようこそ、新世界へ。

持ち物はスマートフォンとこの本だけでいい。

インプットもアウトプットも
ヴィジュアルにシフトした世界

▶

⓽⓷激変する「マーケティング」——動画が貢献した「タッチポイント」の拡大

ヴィジュアルによる長いコミュニケーションの歴史を有する人類。そのなかでも、スマホを媒介とするヴィジュアルコミュニケーションの拡大が、モノの買い方・売り方、人とのつながり方、世界の見え方など、直近の時代を大きく変えたことは、君も実感していると思う。

こうしたヴィジュアルの力は、未来のビジネスパーソンの働き方をどのように変えていくのだろうか？

1つ予測されるのが、現在の企業活動の基本となっている「マーケティング」のあり方が激変するだろうということだ。

オルビス社長の小林琢磨《こばやしたくま》氏は、マーケティングはマーケティング部門がやるのではなく、経営そのものだという観点から、「マーケティング部という部署が存在している会社は、もうダメだと思っていますから」と述べている。

社長が一番のマーケッター、あるいはPRパーソンでなければならないといった話も、よく聞くようになった。ヴィジュアルコミュニケーションがもたらした変化によって、社長を含めたあらゆる社員がマーケティングを理解し、活用するマインドを持たなければならなくなったのだ。

この変化の背景にあるのは、コンシューマー（消費者）と企業のタッチポイントの増加である。SNSが浸透する前まで、消費者と企業の接点はマスメディアに独占されていた。企業がマスメディアを使って商材をPRし、消費者が購入する、それで終わりだった。

しかし今は、「TikTok売れ」という言葉が象徴するように、消費者が自らInstagramやYouTube、TikTokで商品を紹介し、それを見て購入する人が増え続けているのである。

❾❹購入前後のアクションを「ストーリーテリング」したくなる導線作り

この世界では、商品やサービスが**「ヴィジュアルコミュニケーション映え」**するようにうまく設計しなくてはいけないし、ヴィジュアルコミュニケーションで広がるような仕組みも一緒に作らなくてはいけない。

その好例が、昨今の「スニーカーバブル」である。

フリマアプリの「メルカリ」や、ネットマーケットプレイス「Stock X《ストック エックス》」のような場では、限定スニーカーが高値で売り買いされている。

特に人気があるのがNIKE《ナイキ》だが、この状況を作り出した一番の立役者は、スニーカーを企画・デザインする部門でも、宣伝・PRを担う部門でもなく、NIKEの公式アプリである「SNKRS《スニーカーズ》」チームだと僕は考えている。


NIKEの限定スニーカーはこのアプリで販売されるのだが、発売開始時間になるとファンが一斉に買おうとするため、定価で購入する権利の抽選が行われる。

その待ち時間を経て、見事ゲットできると、購入したスニーカーの画像とともに「GOT'EM《ゴッテム》」というコピーが表示される。みんなその画像をスマートフォンでスクショして、「GOT'EMできた（買えた）！」という喜びをInstagramやTwitter、TikTokでシェアするのだ。


これは完全にアプリのＵＩ、ＵＸ（User Experience：ユーザーが１つの製品・サービスを通じて得られる体験。以下、UX）を考えているチームが、「こうしたらスニーカー好きはSNSで拡散したくなるに違いない」と狙って作り上げた仕掛けである。

絶妙な「スクショ映え」の設計によって、B2C（Business to Consumer：企業と一般消費者の間で行う取引）のその先の、購入した人が自らNIKEのプロダクトを宣伝するようなヴィジュアルコミュニケーションが生まれたのだと言える。

95 風景や建物に「投稿したい」と思わせる文脈を与える

同じような状況は、Instagramの影響で有名になった観光地にも見ることができる。

例えば、明治神宮外苑のイチョウ並木は昔からあるけれど、ここ数年は秋になると交通整備が入るレベルで観光客が殺到し、左右対称になるようにフレーミングしたイチョウ並木を、スマホや一眼レフで撮影した画像がインスタに溢れるようになった。

他にも、USJ（ユニバーサル・スタジオ・ジャパン）は2000年代前半に人気が低迷していたが、いくつかの起爆剤——特にハロウィンブームに全力で〝乗っかった〟ことで、驚異的な復活を遂げた。

ハロウィンの仮装やコスプレでの来園を一部制限しているディズニーランドに対して、ＵＳＪの対応はとてもおおらかだ。それによって、今まではアトラクションを楽しむ人たちのための雰囲気作りだった、アミューズメントパークの建物の役割が一変した。みんながヴィジュアルコミュニケーションをしたいと願う文化のなかで、「映え」を演出するセットとしての価値が、建物に付与されたのである。

NIKEやＵＳＪのように、ヴィジュアルコミュニケーションの拡大を視野に入れると、既存のファシリティの価値が変わる。アプリの購入完了画面も、ＳＮＳで拡散するコミュニケーションの材料になってくる。

マーケティングに関わる担当者だけが、コミュニケーションを考えれば良い時代はすでに終わった。あらゆる部門・専門領域を持つ人々が、ヴィジュアルコミュニケーションに精通しなければ、企業は競合に勝てなくなってきているのだ。

ヴィジュアルコミュニケーションが変えた生活者の暮らしと価値観

⑯「コスト・パー・いいね」という新たなKPIを設定する

ビジネスパーソンの働き方だけでなく、生活者としての暮らしもまた、大きな変化を迎えている。象徴的なのが、ファストファッションの失速と新しい波だ。

具体的には、あれだけのブームを巻き起こした「フォーエバー21（※）」が、2019年に日本から一時撤退した事例が挙げられる。「早い・気軽・安い」というファストファッションではなく、多少高くても「いいね」と言われるアイテムを購入したい、と考える若者が増えている証拠だ。

この背景には、「インスタやTikTokで、○○さんが着ていたアイテムが欲しい」という強い動機がある。

例えば、BTSのJ《ジェイ》-HOPE《ホープ》が「HUMAN《ヒューマン》 MADE《メイド》」のパーカーを着ていたら、ファンは3万6000円でも購入する。この価格はパーカーとしては高いようだが、メルカリのような二次流通（転売）マーケットがある今は、実はけっこうお得かもしれない。

また、着古したものをメルカリで売っても、2万円くらいにはなるはずだし、モノによっては買ったときよりも高い値段がつくこともあるだろう。実質1万6000円のパーカーを買ったのと同じ出費なのに、1万6000円のパーカーではとても得られない数の「いいね」がもらえるとなれば、若者にとっては適切な出費となる。

ファストファッションが何によって勢いを失ったのかというと、メルカリのような二次流通のマーケットと、転売しても買い手が見つかるほどの人気アイテムを生み出す、SNS上のクリエイターやインフルエンサーの存在だろう。

モノが大量に溢れている今、ただのパーカーは別に欲しくない。それを身につけることによって、SNS上の人気者になれるモノに対して、みんなはお金を払うのである。

※フォーエバー21――アメリカ・ロサンゼルス発のカジュアルファッションブランド。かつて「ファストファッションの黒船」とも呼ばれた同ブランドは、2000年に日本に初めて上陸。しかし経営難に陥り、2019年に日本市場からは完全撤退した。その後、コンセプトや価格帯を見直し、「脱・ファストファッション」を掲げて、2023年2月よりオンライン販売開始、同年4月に実店舗オープンという形で再上陸が決定した。

⑰コミュニケーションのハブになるような、商品やサービスを企画・開発する

昨今の小学生は、「洋服はお下がりでいいから『フォートナイト』のスキンを買って」と親におねだりするらしい。

従来、子どもがファッションで自己表現をする場は学校や塾、休日のお出かけだったわけだが、それがすでにバーチャルな空間に移っているというのはすごいことだ。InstagramやTikTokを使わせてもらえない小学生にとっては、『フォートナイト』というゲーム世界のスクリーンショットこそが、青春のアルバムになるのだろう。

かつて『ドラえもん』では、のび太たちが放課後に集まる場所は、土管が置いてある空き地だった。

しかし2023年2月現在、そんな空き地は少なくとも東京都内ではあまり見たことがないし、遊んでいる子どももいない。今や、放課後にみんなが集まる〝空き地〟は『フォートナイト』だし、彼女／彼らが高校生になれば、それはTikTokのなかにシフトするのか

もしれない。

今、アラサー世代の間では、空前のフィットネスブームが起きている。「ジム通い」といえば、これまでは〝続かないこと〟の代名詞だった。

しかしスポーツジムに通い、自分の肉体が変化するプロセスをInstagramにアップし続ける女性が増えたことで、状況が変わった。Instagramを見ると「自分もジムに行かなきゃ」という気持ちになるし、インスタに投稿すれば「ジム通い」仲間から「いいね」がもらえる。フィットネス市場を活性化させる、新しいモチベーションが生まれたわけだ。

美容医療がカジュアルになったのも、Instagramを始めとするヴィジュアルコミュニケーションの力によるところが大きい。かつて、美容医療を受けたことをカミングアウトすることは、一種のタブーとみなされていた。

しかし、ビフォーアフターや施術の感想がＳＮＳの人気コンテンツとなり、その貴重な情報に「いいね」をするユーザーが増えた。そういった流れもあり、美容医療自体が好感を持って受け止められるようになってきた。

生活者は今後、暮らしのなかで「いいね」やコメントがもらえる——つまり、コミュニケーションのハブになるような商品・サービスを積極的に利用していくと考えられる。

ビジネスパーソンが新しい商品・サービスを企画するときには、必ず「ヴィジュアルコミュニケーションとしてどう利用されるのか」「生活者はこれをどのようにTikTokやInstagramにアップするのか」を考えた上で、企画・開発を行っていく必要がある。

ヴィジュアルコミュニケーションが生み出す巨大な影響力は、スターバックスの世界的な成功を見れば明らかだ。

他のチェーン店のコーヒーをアップするだけでは「いいね」はもらえないけれど、スターバックスのフラペチーノや季節限定コーヒーは、「いいね」がたくさんもらえる。「いいね」優先の考え方においては、スターバックスのコーヒーは**「ちょっと高いけど、『いいね』に換算すれば安い」**のだ。

この「コスト・パー・いいね」という新たなKPI。無視することはできないと、ご理解いただけただろうか？

ワンメディアという名の船

98 メディア大航海時代の助けとなるクリエイターエンパワーメント

2022年5月30日、ワンメディアは「動画を作る会社をやめ、TikTokを中心としたクリエイター支援事業を開始する」という発表を行い、クリエイターレーベル「(C《シー》_C《シー》)」を立ち上げた。

日本でもっとも有名な駅前大型広告枠の1つである、JR渋谷駅ハチコーボードに、こんなコピーを出して。

「コミュ力もない　お金もない　空気も読めない
でもそんなわたしだから　伝えられることがある
踏み出そう　発信しよう　震えながら前を向こう
大人の都合より　自分の可能性と生きていこう
そのとき　わたしの人生すべてが　コンテンツ」

発表日の夜には、YouTubeで緊急ライブ配信「【ご報告】動画を作る会社を、やめます。」も行い、本当に長い1日だった。発表を知った人からは、「動画やめちゃうんですか⁉」という驚きの反応をものすごくたくさんもらった。

しかし実は、それこそ2年前から、ワンメディアは動画を作る会社をやめようとしていたのだ。2022年に入り、ワンメディアの売上比率のほとんどは、単純な動画制作ではなくなっていた。そのタイミングで大々的に発表しただけで、実際はとっくにやめていたというのが正解だ。

なぜそういうことになったのか？

これはひとえにコロナショックが原因である。

コロナ禍において我々の仕事は、いわゆる不要不急の烙印《らくいん》を押されてしまった。動画の撮影は3密のオンパレードだ。決まっていた仕事のほとんどがなくなり、会社もリモートワークというものに移行せざるを得ず、中目黒に作りたてだった自社スタジオは、火が消えてしまったかのように、真っ暗で冷たい場所になっていた。

自分たちが魂をかけてやっていた仕事が、こんなことで終わってしまう――イベント関係の人も、飲食関係の人も、当時はさまざまな業界の人たちが同じようにつらい思いをしていたと思う。僕も本当にすることがなくて、ひどく塞ぎ込んでいた。

テレビをつけても、新しい番組を撮影できないから再放送ばかりになっている。

そんなとき、ふとテレビにYouTubeをキャストしてみたら、そこには新作をアップし続けるYouTubeクリエイターたちがいた。スマホを開けば、今日も元気いっぱいなTikTokクリエイターたちがいる。こんな未曾有《みぞう》の事態でも、クリエイターであり続けているのは彼女/彼らの方だ。僕らのような、いわゆる〝クリエイティブな会社〟はなんて無力なんだろう……と気づきを得たように感じた。

そもそも僕がこの会社を始めたのは、YouTubeがきっかけだ。大学で映像サークルに入った僕は、自分の作品を撮り、それを一枚一枚DVDに焼いて配りながら、もっとたくさんの人に見てもらいたいと願っていた。

大学4年生のある日、まだGoogleが買収する前のYouTubeに自分が作った映像をアップしたら、遠く離れたカナダ人が「Awesome!《カッコいい》」ってコメントをくれて、Web2・0と呼ばれていたインターネットの新しい可能性を体験した。

当時のメディア業界では、まだまだテレビが圧倒的な影響力を誇っていた。けれども僕は、ネット業界に未来を感じて、そちらの道を選ぶことにした。しかし実際に入ってみると、クリエイティブというものに対してまるで愛がなく、「入る世界を間違えたな」と後悔する日々だった。

僕がワンメディアを起業したのは、あのときの自分にエールを送りたかったからかもしれない。クリエイティブなものを作りたい、クリエイターになりたい。でもそれは、既存のオールドなメディアにおけるクリエイティブとは違っていて、どうすればいいのかわからない。デジタルの新しい自由な世界、動画の世界も形成されつつあったけれど、YouTuberという言葉もまだなく、それで生活していけるような空気はまったくなかった。

あのときの自分が入りたいと思えるような会社を作りたい。そう心から思った。スマートフォンに最適化した動画のクリエイティブを追求し、有名な企業やブランドがこぞってお金を払うようなビジネスがやりたかった。

しかしコロナショックは、自分たちが担ってきた役割が終わったことを教えてくれた。ワンメディアが切り拓いてきた世界は、もはや自分の力だけで動画を作ることができる、新しい世代のクリエイターに託されたのだ。

振り返ってみると、起業を考えたとき、僕がＵＵＭ《ウーム》のようなクリエイターを束ねる組織ではなく、動画制作会社という形態を選んだのは、まだ自分自身がクリエイターでありたいという願望を持っていたからだと思う。でも、もうそういうエゴはいらない。エゴを捨て、自分では見つけることのできない、新しい世界を映してくれるクリエイターと仕事をしたい。ショート動画クリエイターは、まさにその代表格なのだ。

⑲「スマホから直接流通させる」ムーブメントに乗る

学生時代、SONYのデジタルビデオハンディカムを撮影に使っていた。カメラとデスクトップパソコンをケーブルでつなぎ、ＤＶテープから素材をキャプチャする。Adobeの Premiere《プレミア》とAfter Effects《アフターエフェクト》を駆使して編集。完成した動画を、ＭＯＶ（Apple社が開発した「Quick Time」という動画ファイル形式の拡張子）データに書き出しする、パソコンの駆動音をＢＧＭに眠りについた。作品を見てもらうためのＤＶＤを１枚焼くのに、必要な時間は30分。

丸一日かけてできあがった20枚の円盤を、真面目に見てくれるかどうかもわからない友人たちに配る。これがYouTube以前に、映像制作にハマっていた若者たちのルーティンだった。

YouTube登場後、何が革命的に変わったのか？

それは撮影でも編集でもなく、個人の作ったクリエイティブを流通させる環境だ。【デジタルビデオハンディカムで撮影→デスクトップパソコンで編集→DVDで流通させる時代】から、【デジタル一眼レフカメラで撮影→ノートパソコンで編集→YouTubeで流通させる時代】に変化した。

そして今のZ世代は、【スマホで撮影→スマホで編集→スマホからTikTokで流通させる時代】に突入している。僕が経験していたような、重たい機材や面倒なプロセスから解き放たれた、どこまでも軽やかな存在がZ世代のショート動画クリエイターなのだ。

今や、YouTubeもTwitterもInstagramも、TikTokが生み出したショート動画という新しいムーブメントに〝乗っかって〟いるし、そこで活躍するクリエイターを取り込もうと必死なのである。

FIFAワールドカップ2022では、世界のさまざまなブランドがピッチサイドに広告を出していた。そんななか、YouTubeが「YouTube」ブランドではなく「YouTubeショート」ブランドで広告を出していたのは、非常に印象的な出来事だった。

動画業界の覇者であるYouTubeが、ショート動画に本気でシフトしようとしている何よりの証拠だからだ。２０２２年11月にはイーロン・マスク氏が、すでにサービスが終了したショート動画のパイオニア、Vine の復活を指示したという報道もあった。

世界は刻一刻と移り変わっているし、僕らはその変化に対応しながら、新たなムーブメントやトレンドに適応していく必要があるのだ。

⑩「クリエイターの民主化」による新形態：ブランドとクリエイターのパートナーシップ

動画の世界は、「動画２・０」時代からさらに進んでいて、本書ではその進化の過程を書いたつもりだ。

僕はある意味で、**「クリエイターの完全なる民主化」**が果たされる瞬間を、目の当たりにしているのだ。民主化の途上で、クリエイターがサステナブルに活動を続けていくためには、しっかりとしたビジネスを作っていく力が欠かせない。また、企業側もコミュニケーションのあり方を変えていく必要があるだろう。ワンメディアは、ショート動画の民主化を中長期的な目線で成し遂げていくためにも、クリエイター、クライアント、視聴者の橋渡しをできるような会社を目指したい。

クリエイターが生み出すクリエイティブは、「企業とユーザー＝クライアントとコンシューマー」をつなぐハブであり、今の世のなかをつないでいる。そこから生まれるビジネスの可能性は無限であり、「クリエイターなんて、ＳＮＳで動画をアップしているだけでしょう」などと、勘違いしている人がいまだにいる日本の現状は、時代遅れだと言わざるを得ない。

そもそも日本のクリエイターを取り巻く状況は、アメリカと比べると3年から5年ほど遅れている。今の日本では、フォロワー１００万人の規模でメガインフルエンサーと言われるが、これはアメリカでは5年前の基準だ。

クリエイターエコノミー先進国であるアメリカでは、今やクリエイタービジネスの法人化が進んでいる。

アメリカの人気YouTuber「MrBeast」は、２０２０年12月にハンバーガーデリバリー店舗「ミスタービーストバーガー」を開店。コロナ禍にもかかわらず売上を伸ばし、７ヶ月で1億ドルを稼いだと報じられている。

日本のポテンシャルは、まだまだこれからだ。クリエイターが自らビジネスを作るパターンは今後も増えるだろうし、既存のブランドは、クリエイターをアンバサダーにして、SNSで積極的にコミュニケーションをしていくだろう。

クリエイターは今後、ただ単発のPR案件に出るのではなく、**「ブランドとのパートナーシップ」**という形で関わるようになっていくかもしれない。この分野も、これまで多くのブランドやクリエイターと仕事をしてきた我々が、さらに開拓できる領域なのではないかと考えている。

21歳だった頃の僕は、クリエイターとして生きていきたいと願いながら、その選択肢を見つけることができなかった。

現代のクリエイターには、当時とは比較できないほどの可能性が広がっている。ヴィジュアルコミュニケーションの大航海時代、ワンメディアという名の船にできるのは、彼女/彼らをエンパワーメントし、一人でも多くのクリエイターを増やすことなのだと思う。

高精度ＡＩ vs 人間
――テクノロジーと共生するか、敵対するか？

高精度ＡＩの登場により、もとは人間の仕事であった領域に「テクノロジーによる代替」という脅威が急速に迫ってきている。ＡＩとの共存が当たり前になっていく世界で、これから僕たちは何を指針として、ものづくりと関わっていくべきなのだろうか？

ＡＩとクリエイターの付き合い方を考える上で、僕がもっとも参考にしているのが「THE GUILD《ザ・ギルド》」の深津《ふかつ》貴之《たかゆき》氏の考え方だ。深津氏は、日本を代表するＵＩ・ＵＸデザイナー、ディレクターであり、ＡＩとともに創造するクリエイティブ研究の第一人者と目されている。

深津氏は「Stable Diffusion《ステーブル・ディフュージョン》」や「Midjourney」など、テキスト入力されたワードからＡＩが自動で画像を生成する人工知能サービスを早い段階から研究し、クリエイティブ制作においてＡＩが得意なことと、人間が得意なことの違いを分析していた。

ＡＩサービスに好みの絵を描いてもらうためには、ＡＩを教育し、かつ適切なテキストを入力する必要がある。魔法使いが呪文を唱えるように、ＡＩが理解できる正しい言葉を選択しなければ、〝いい感じ〟の画像は出てこないという。

この感覚は、極めて未来のクリエイター像に近いのではないかと僕は思った。ゼロイチから自分で線を引いていく、加工をしていくということではなく、ＡＩが代替できる部分はやってもらう。ただこの部分も、最初はパターン出しやラフなレイアウト、背景を埋めるような作業なのかと思っていたが、ＡＩの性能は日進月歩で、すでにキャラクター造形のようなこともできるらしい。

「これはいよいよ、人間の仕事がなくなっていくのでは……」と一時は懐疑的になったものの、深津氏のスタンスを見ていたら、必ずしも悲観する必要はないと思えてきた。

ルネッサンス時代の人たちにとっては、筆のような道具をうまく操ることが、クリエイターとしての必須スキルだったはずだ。

それが現代では、Adobe の Photoshop《フォトショップ》や Illustrator《イラストレーター》、あるいはＣＧのソフトに代替されている。同じように10年後には、ＡＩにディレクションして、理想のものを作らせることが、クリエイターのスキルになっていくのだろう。

そもそも現在のクリエイティブ業界では、一番偉いクリエイティブディレクターが自分で手を動かすことはない。チーム内のデザイナー、フォトグラファー、ビデオグラファーといった面々に自分のヴィジョンやアイデアを共有し、「こういう感じにしてほしい」とお願いをしながら、クリエイティブ制作をしていく。

つまり、「人間が人間に」ディレクションしているわけだ。これが「人間がＡＩに」ディレクションする構図になれば、これまでは限られた人間にしか許されなかった「クリエイティブディレクター的な動き」を、誰だっていきなりやれるチャンスが広がる。


もう１つ、深津氏の考え方で興味深かったのは、ＵＩ・ＵＸデザイナーである彼が、なぜＡＩを研究しているのかという視点の部分だ。深津氏いわく、将来的にＡＩがもっと普及していくと、ボタンをタップしたり、メニューを開いたりといったＵＩ全般が、すべてテキスト入力や音声入力に置き換わる可能性があるという。

例えば、ユニクロで何かアパレルを買おうというとき、今まではアウターが欲しいなら、アウターの欄のメニューを開いて、画面に並ぶサムネイルから好みの商品をタップし、サイズを選んで……といった操作が必要だった。

しかし将来は、「今年おすすめのアウターを教えて」と言うだけで商品がパッと並び、「ネイビーのアウターに絞り込んで」と言うだけで済むのかもしれない。そんなＵＩの変化が起きることを予見して、彼はＡＩの研究に取り組んでいるわけだ。

きっと未来は、「AIのすごさ」が日常の前提となる。そのときに大事なのは、人間がどのような形でAIのサービスを享受したいと思うのか、その「形」を想像することだ。

「AIが人間の仕事を奪う」という文脈で考えた場合、確かにAIが代替しやすいような仕事をしている人は、方向転換を検討する必要があるだろう。具体的には、クリエイティブを構成する「パーツ」を作る仕事――テキスト、画像、デザイン、映像、音楽など、クリエイティブにおける分業化された部分は、これから数年でAIに置き換わっていく可能性が高い。

だからこそ、「サービスやクリエイティブの全体像」を考えていくことが重要なのだ。そういう意味でも、クリエイターが1人で、かつスマホ1台でコンテンツの全体像を完結させていくショート動画は、未来のクリエイティブを考える素晴らしい訓練になる。

これからショート動画クリエイターは、ショートクリエイティブディレクターとして活躍の場を広げていくだろう。いろいろな企業のTikTokアカウントコンサルティングを行っている「マツダ家の日常」の関《せき》ミナティ氏や、ゆうこす氏はその先駆者だ。

こういったマインドを持ってショート動画と向き合っていく人は、自ずとAI時代にも生き残れるのではないだろうか。

実践編！
CCCを活用した
SNSアカウント構成

動画大全版CCC

Context	Concept	Content
【例】 「元アイドル」 「クラスに絶対1人はいるようなヤツ」	【例】 「モテクリエイター」 「東京の大学生」	【例】 「ハウツー動画」 「VLOG動画や検証動画」

↓

ハッシュタグ投稿チャレンジ！

「#動画大全CCC」

本書をここまで読み込んできた君に、実践の機会を提供させてくれ。

このフレームに沿って、自分やあるいは企業・ブランドのアカウントの構えを一緒に練り上げてみよう。

その際は、この「動画大全版CCC」を活用してほしい。

CCCとは、コンテクスト・コンセプト・コンテンツの頭文字をとったフレームだ。

①コンテクスト

コンテクストとは、その人や企業・ブランドがもともと積み重ねてきた歴史やパーソナリティの掛け合わせで生まれる。それゆえに、コンテクストは一朝一夕でできあがるものではないし、他からサクッと借りてこられるものでもない。自らのコンテクストに向き合うことが、クリエイターになる上でもっとも大事なのかもしれない。

②コンセプト

コンセプトとは、一言で周囲の人が「あー、なるほど」と理解できる概念を、明確に言語化したものだ。

完全な造語でコンセプトを作ってしまうと、周囲は理解できないため、既存の言葉の組み合わせで考えてみるといい。TikTokで有名な「東京グルメ」というアカウントは、そのアカウント名を見るだけで、どんな動画を発信しているのか一瞬でわかる。

③コンテンツ

コンテンツとは、もともとコンテナの中身を指す言葉だ。

書籍というコンテナの中身は、小説や評論であるのと同様に、動画というコンテナの中身には、VLOG《ブイログ》（Video Blog：自分の好きなことなど、ライフスタイルや日常を動画で発信するブログの一形態。以下、VLOG）やハウツー動画など、さまざまな型がある。

これらを踏まえて、次のような文章フォーマットで書き出してみてほしい。

Twitter でも TikTok でも Instagram でも、**「#動画大全 CCC」**をつけて投稿してくれたら、2023年中はチェックさせてもらうつもりだ。

- **「●●」というコンテクストを踏まえ**
- **「●●」をコンセプトにして**
- **「●●」をコンテンツにする**

さて、いまいちピンときていない……という君のためにも、いくつか実例を挙げてみよう。

ゆうこす氏の場合

- 「元アイドル」というコンテクストを踏まえ
- 「モテクリエイター」をコンセプトにして
- 「ハウツー動画」をコンテンツにする

修一朗氏の場合

- 「クラスに絶対1人はいるようなヤツ」というコンテクストを踏まえ
- 「東京の大学生」をコンセプトにして
- 「VLOG 動画や検証動画」をコンテンツにする

こんなふうに、コンテクストに裏打ちされた要素を、一言で直感的に表すコンセプトでまとめ、それをもっとも強力に表現できるコンテンツに落とし込むことが重要だ。この手法は、プロフェッショナル系で行うともっとも再現性が高い。

例として、このフレームを使って乳製品企業のアカウントを考えてみよう。

乳製品企業の場合

- 「腸に良い食品を製造し続けてきた」というコンテクストを踏まえ
- 「腸活のプロ」をコンセプトにして
- 「レシピ動画」をコンテンツにする

どうだろう？　一見、ショート動画と縁が遠そうなビジネスをしている会社でも、コンテクストとコンセプトを整理すれば、自ずとピッタリくるコンテンツが導き出されることがわかるだろう。

繰り返しになるが、ここでは自身で勝手に発明した言葉をコンセプトにしてはいけない。例えば、「趣味グラファー」とか「夢の旅人」とか「机の上の片づけ屋さん」とか。これらはコンセプトではなく、ダサめのキャッチコピーだ。

誰もが初見で同じ景色が浮かぶ、明確な言葉で表現することを意識してほしい。「○○公式クリエイター」なども、本書を読んでくれているビジネスパーソンの方は安易にやってしまいそうだ。もちろん○○には、所属している組織や企業の名前が入る。だけど思い出してほしい。このフレームワークはその○○が、SNSという広大な宇宙でアテンションを獲得していくためのものだということを。コンセプトに具体的な固有名詞を入れられても、残念ながら世のなかのほとんどの人にとっては「そんなの知らんがな」なのだ。誰もが共感できる、いい感じの抽象度、一般名詞を使うことを心がけてくれ。

最後のコンテンツもそうだ。「発明より発見」という言葉で何度も説明してきた通り、億単位の人が毎日毎日動画をアップしてきた結果、動画には特定の型というものが存在する。ハッシュタグボリュームがちゃんとある型を、コンテンツに当てはめてくれ。

最近どんな本読んでるの？　という問いかけに、「恋愛小説です」と答えてくれれば容易にイメージできて会話はスムーズだが、そこで「自分の居場所を見つけて笑顔になれるような小説」って言われちゃうと、申し訳ないが僕も、そして僕以外の多くの人も「何言ってんだコイツ」になっちゃうんだよ。

それはあくまでも「恋愛小説」という型の中で、味つけがたまたま「自分の居場所を見つけて笑顔になれる」ってだけなんだ。

自由演技が許されるのは、コンテクストだけ。

でも自分語りが長いヤツの話なんて、今どき誰も聞いてくれねぇぜ。

シンプルに一言で語れ！

時代はとっくに「ショート」なのだから。

Special Contents

ONE MEDIA presents
TikTok完全攻略マニュアル

1 動画：メインコンテンツ

週に2本以上の投稿を目指したい

2 ライブ配信

新規ファンとつながる
※一定の条件を満たすとライブ配信可能

3 ストーリーズ：告知に便利

Instagramと同じ感覚でOK

キーポイント ダンス動画は投稿数が多いため、冒頭で違いを出す

冒頭2秒（フック）の作り方・3種

1 ダンスよりも顔に注目がいく画角にする
（難易度：★☆☆☆☆）
▶「メイク可愛い！」などのコメントを狙う

2 ダンスとは別途コメントで盛り上がる内容を入れる
（難易度：★★☆☆☆）
▶テキストに関するコメントを狙う
例：「実は私○○なんです」「4月から△△です」

3 絵作りのクオリティ
（難易度：★★★★☆）
▶世界観でファンを作る
例：カップルがペアコーデで流行りの楽曲を歌って踊る

1 開始6秒で誰が何をやっている動画なのかを伝えきる

○GOOD
・クリエイターの顔が出る
・テロップでテーマを伝える
・アイテムがわかりやすい

×BAD
・何の動画なのかわからない
・アップすぎて誰かわからない

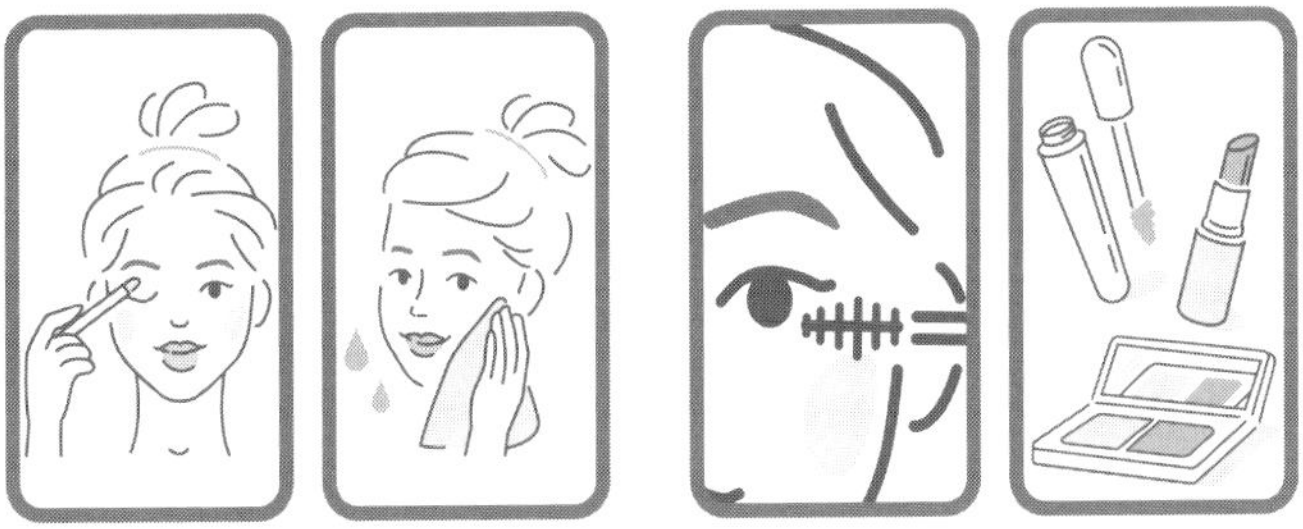

2 大事なテロップやアイテム、顔はセーフゾーン内に収める

・TikTokで動画を観るときに、コメント欄やアイコンなどが動画にかぶってしまう

・右の図で、太枠で囲った斜線ゾーンが何もかぶらないエリアなので、ここに重要なアイテムや情報を収めるように撮影する

3 アイテムセレクト

キーポイント インスタ映えより動画映え、コスメもシズル感が大事

○GOOD

・カラーバリエーションがある
・テロっと、ツルッと、キラキラしていて見ていて気持ちがいい

×BAD

・プチプラだけど、定番品
・みんなが知っていて驚きが作りにくい

4 #ハッシュタグ

キーポイント メイクトレンドはハッシュタグでわかる視聴回数が大きいメイクジャンルを選んで真似してみよう

ハッシュタグの決め方

アカウントに共感しそうな大きなコミュニティを選ぶ

コスメマニア

↓

#涙袋メイク	#韓国メイク	#純欲メイク
(194.9M回視聴)	(328.0M回視聴)	(130.6M回視聴)

※上記視聴回数は2023年2月時点の数値。

↓

選択のポイント

・バリエーションが多いので、ネタが枯渇しない
・コスメのテクニックではなく、商品知識を活かせる
・ハッシュタグの母数がもっとも多く、それだけユーザーの注目度が高い

5 音楽・ナレーション

キーポイント 商品紹介やVLOGでも、トレンド音源を使ってスキップ防止

・トレンド音源は、みんなが聴いている“耳に馴染みがある”音源
・知らない音源よりも、聴いたことがある音源を選ぶと中身にかかわらずスキップされにくい
・ふだんから動画を見ていて気になった楽曲はどんどん「セーブする」のがおすすめ

キーポイント ナレーションは少し早口くらいがTikTokらしい

・YouTubeやInstagramと比較して早口くらい、少しテンポが速いくらいがおすすめ
・ナレーションは編集で速くしてもOK
・ナレーションを入れるのが大変な場合は、テロップを入れてもOK

TikTok最大の魅力
レコメンド機能
一定の時間内で
いいね・コメント・セーブ・
シェア・再生完了率などの
数値が良いと、より多くの
ユーザーへ拡散される
!
…
…

▶▶▶ 「おすすめ」フィードに載るための３つのポイント

- 投稿数を増やす（目安：最低週２回）
- 事前に告知する
- コメントをしたくなる動画内容にする

▶▶▶ コメント返しは必須

・「おすすめ」フィードに載るには、いいね・コメント・セーブ・シェア数が大事

・特にファンからのコメントに返信すると、2度目の返信をしてくれて、一つの動画あたりのコメント数が増えたり、次にアップする動画でもコメント返信を期待したコメントが増える

例①：料理
ユーザー「私も○○好きなので、今度作ってみます！」
↳投稿者「ぜひ！この季節には△△でアレンジするのもおすすめですよ」

例②：メイク
ユーザー「□□さん、他におすすめのメイク用品教えてください！」
↳投稿者「××の▽▽などどうでしょう!?」

例③：アパレル
ユーザー「このトップス、どこのブランドですか？欲しいです〜」
↳投稿者「コメントありがとうございます。◇◇で調べてみてください！」

キーポイント フォロワーを増やすために、ライブ機能をハックする

TikTokでは、分母が大きい
「フォロワー外の流入」が成功の鍵

おすすめ露出される方法とは?

1 投稿後、一定時間内にエンゲージメントを稼ぐ
※ライブに関しては、**コメント**がもっとも有効的
(ライブ内の盛り上がりも作れる)

2 いかにフォロワー外の人を引っ張ってきて、
より多くのコメントをしてもらうかが勝敗を分ける!

良い事例:いよちゃん(@iyochan_)

定期的な配信、いつもの配信スタイルと変わらないモノマネメイク、コメントしやすい(ツッコミやすい)ネタorライブ配信で人気のフォーマットであるASMRで配信を行う。その結果、レコメンド枠の獲得→新規流入を促すことができ、一度の配信で3,000人〜4,000人のフォロワーを獲得し、短期間でアカウントの実績を伸ばした。

LIVEも「何をやっているか」が大事。画面上でわかるようにする

○GOOD

・ライブの目的がわかりやすい
・コメントが誘導されている

×BAD

・何をやっているかわからない
・何をコメントしていいかわからない

「この人をフォローしておくと、動画の作り方が参考になる！」というクリエイターを何名か紹介しよう。

たけたろう
(@taketaroutime)

・ジャンル：コスメ紹介
・強み
└冒頭２秒フック
└高解像度
└トーク力

ｶﾝｺﾞｬﾝｾｳ（すじこ）
(@unkomorasunayo)

・ジャンル：美容検証
・強み
└冒頭２秒フック
└驚きトピック

ぽてとかっぷる
(@ckarry___)

・ジャンル：おでかけVLOG
・強み
└冒頭２秒フック
└トピックわかりやすさ

神堂きょうか
(@kyokasan123)

・ジャンル：検証
・強み
└冒頭２秒フック
└トピックわかりやすさ

撮影時

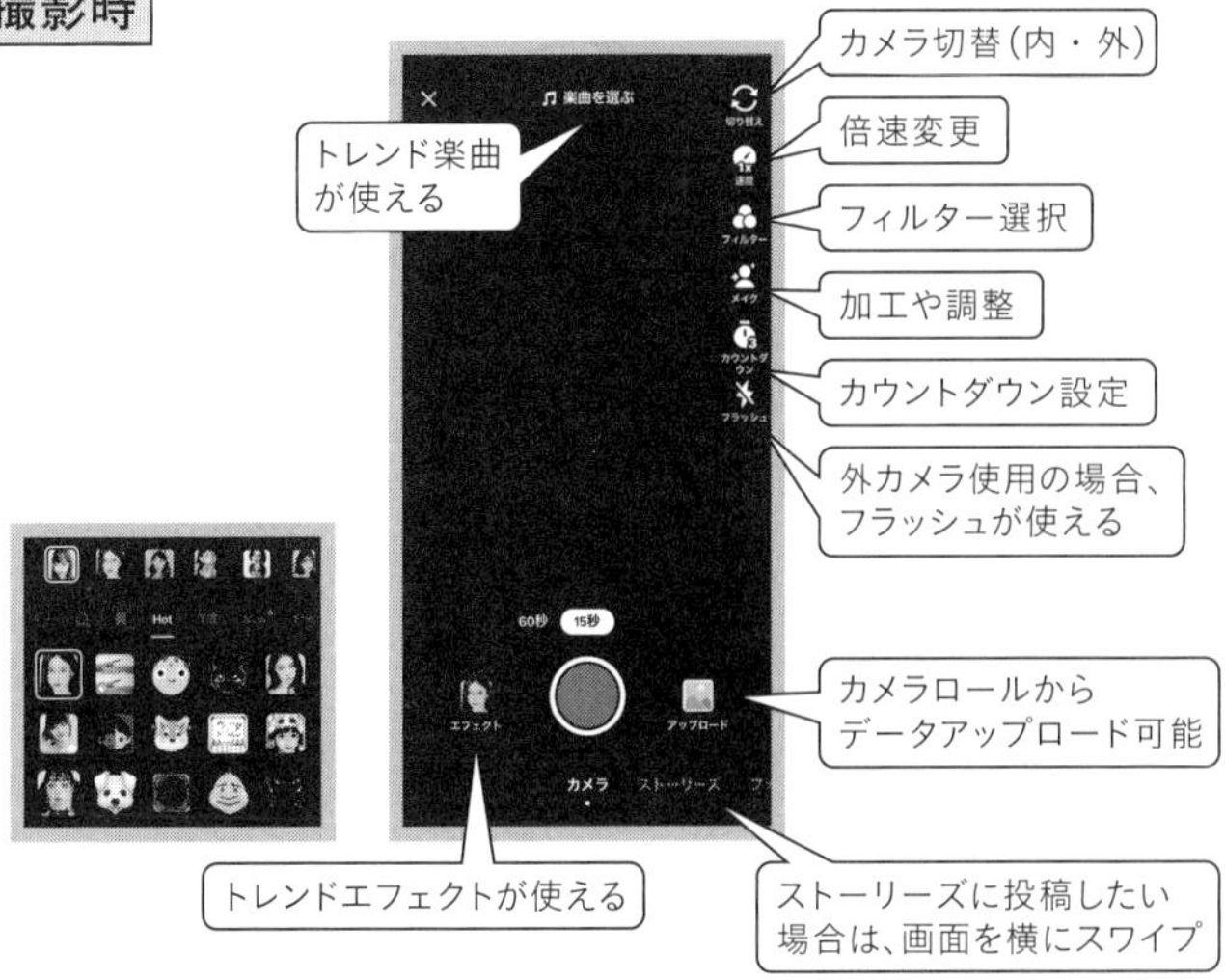
カメラ切替(内・外)
倍速変更
フィルター選択
加工や調整
カウントダウン設定
外カメラ使用の場合、フラッシュが使える
トレンド楽曲が使える
カメラロールからデータアップロード可能
トレンドエフェクトが使える
ストーリーズに投稿したい場合は、画面を横にスワイプ

編集・投稿時

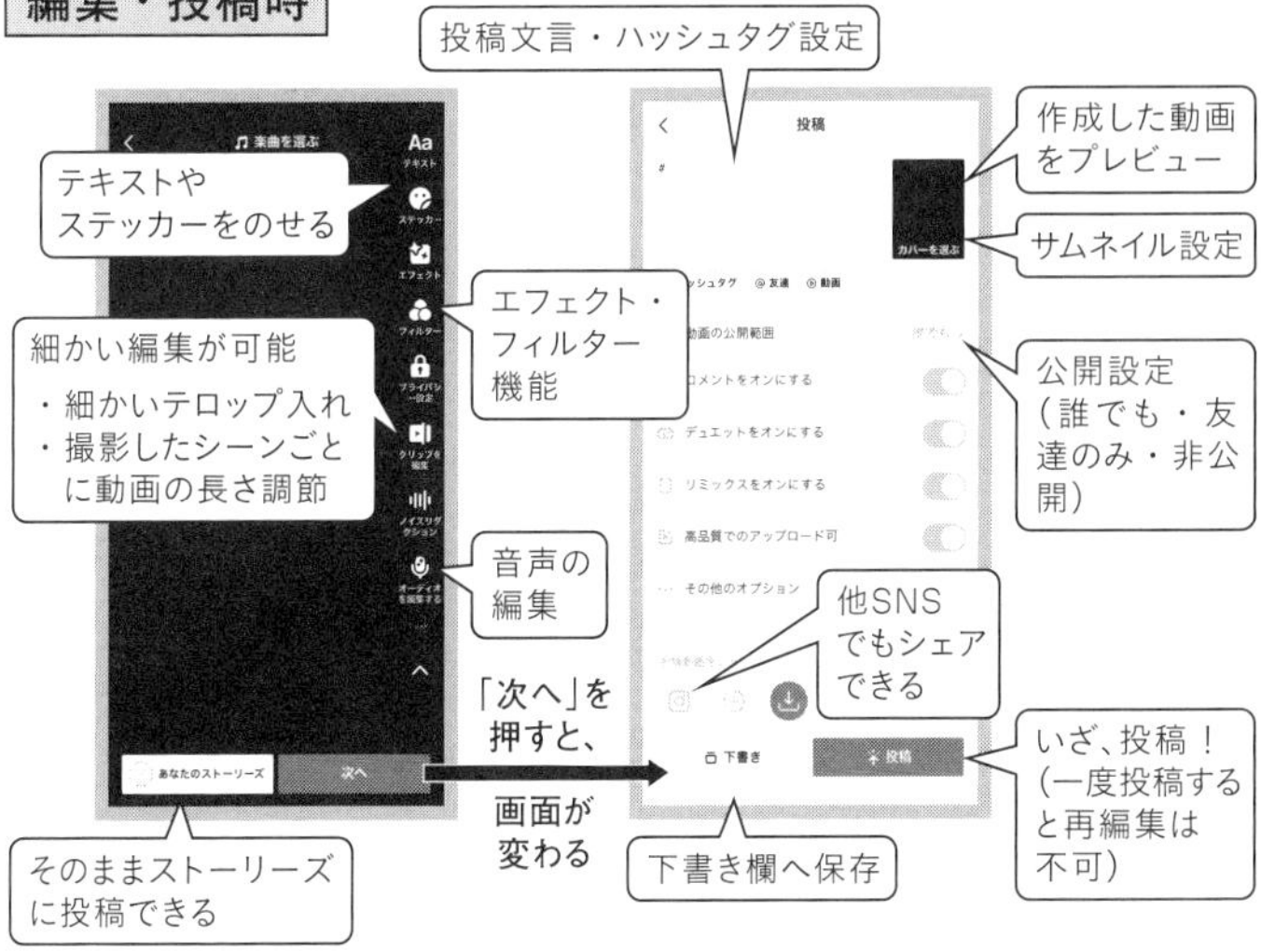
投稿文言・ハッシュタグ設定
テキストやステッカーをのせる
エフェクト・フィルター機能
細かい編集が可能
・細かいテロップ入れ
・撮影したシーンごとに動画の長さ調節
音声の編集
「次へ」を押すと、
画面が変わる
そのままストーリーズに投稿できる
作成した動画をプレビュー
サムネイル設定
公開設定(誰でも・友達のみ・非公開)
他SNSでもシェアできる
いざ、投稿!(一度投稿すると再編集は不可)
下書き欄へ保存

Ending

君たちは何者だ?

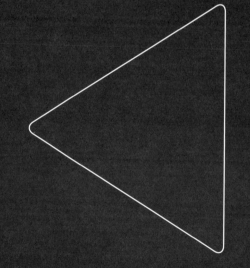

映画が好きだ。

小説が好きだ。

きっちり2時間費やして楽しめる、骨太なコンテンツを僕は愛している。

村上龍《むらかみりゅう》氏の『愛と幻想のファシズム』（講談社、1987年）や、デヴィッド・フィンチャー氏の『ファイト・クラブ』（1999年）がなかったら、僕は今の僕になっていなかった。

家に帰ると、僕は大画面で映画を観る。紙の本で小説を読む。

その度に、明日を生き抜く力を手にする。

スマートフォンが嫌いだ。

SNSが嫌いだ。

なにものにも代えがたい時間を奪っていく、こいつらのことが僕は大嫌いだ。

少しだけなら……と見始めたら、ひっきりなしに脳に心地よい刺激を繰り返し、
気がついたら2時間が過ぎている。
ああ、この時間で代わりに何ができたかなと、
土曜の昼から後悔を与えてくるこいつらのことが、
嫌いで嫌いでしょうがない。

僕は、動画が新しいクリエイティブの潮流の中心にあると信じて、
その表現を模索する会社を起業した。
そこでわかったのは、スマートフォンとSNSは動画の生みの親であると同時に、
動画というものを「グロースハック」や「PDCAサイクル」といった、
クリエイティブの仇敵《きゅうてき》に組み込んでしまう存在でもあった——
という悲しすぎる現実だ。

どんなに創意工夫をこらしても、編集にたっぷり時間をかけても、
アテンションの力学を無視したクリエイティブの再生回数は、ピクリとも動かない。

レコメンドエンジンという、人とコンテンツの出合いを司る〝神様〟を無視することは、もはや誰にもできないのだ。

僕は〝神様〟に抵抗することはやめて、そのルールのなかで戦う術を考えた。それをまとめたのが、かつて執筆した『動画２・０』であり、その最新版である本書なのだ。


僕のようなオールドタイプと違って、ニュータイプな新しい世代のクリエイターは、生まれながらにして「グロースハック」も「ＰＤＣＡサイクル」も使いこなしているように見える。

動画はミーム化し、いくつもの型が生まれ、その型に乗っかって誰もがクリエイターになっていく。今や誰もがアテンションを奪う技術を駆使する、戦国時代に突入した。

だからこそ、あえて言おう。

君のアテンションは、
ロールプレイングゲームでたとえるならば、MP《マジックポイント》みたいなものだ。
一晩寝たり、エナジードリンクを飲めば回復するかもしれないが、
基本的にそれは有限で、かけがえのないものだ。
そんな貴重なアテンションを、
いつまで誰かの作った〝暇つぶし〟で空費しているんだ？

本書で語ってきたように、ショート動画のパワーは強力だ。
ちょっとやそっとの意志力じゃ、その誘惑をはね返すことは難しい。
生き残るための策は、たった1つ。
誰かにアテンションを奪われる前に、
君が誰かのアテンションを奪う何かを作り出すしかない。
この本をここまで読んできた君なら、それができるはずだ。

中毒性に満ちたデバイスと仕組みに、世界中の心が奪われ尽くす前に、

君がちょっとくらい分け前をいただいたって、バチは当たりやしないだろう。
君は誰かをフォローするために生まれてきたわけじゃないはずだ。
だから今すぐ思考を切り替えろ。
フォローするんじゃなく、される方になれ。
時間を奪われる側じゃなく、奪う側になれ。

20年前、学生時代の僕は48回払いのローンを組んで、
SONYのデジタルビデオハンディカムVX2000と、
スーツケースみたいに大きいPower Mac G5を買って、映像制作に明け暮れていた。
身体から火が噴き出しそうなくらいバイトして、
やっとクリエイティブを作る準備ができた、そんな時代だ。

でも今はそんな必要はない、テクノロジーがすべてを変えてくれた。
スマートフォン1つあれば、誰だってクリエイティブを作ることにトライできる。

プロ用のカメラよりも、フィルターの方が盛れる。
パソコンを使わなくたって、アプリで簡単に編集ができる。
DVDに焼くまでもなく、SNSで瞬時に共有できる。
部屋の片隅で作った君のクリエイティブは、世界のどこへだって行ける。

「あの本（『動画2・0』）を読んで、クリエイターになったんです」

今じゃそう声をかけてもらえる度に、
僕が世のなかに残したものは〝動画〟ではなく
〝クリエイター〟だったんだと痛感する。

縦型ショート動画の世界は、
今もっとも多くの新しいクリエイターが生まれている場所だ。
Web3がもたらす不可逆的な分散化は、
クリエイターをよりインディペンデントな存在へと前進させていく。

プラットフォームが変化し、動画がコンテンツの主役でなくなったその時も、
クリエイターが生み出す何かを、人々が楽しみにしていることは変わらない。

なればこそ、君は君の時間を奪うものに中指を立て、
もっとも貴重な資源〝アテンション〟を注ぎ込む——
そんなふうに作ったものだけが、
受け身でコンテンツを消費し続けるだけの誰かの人生を、
逆説的に変える可能性があるのだから。

僕は、そんなことを成し遂げる未来のクリエイターの人生に
スポットライトを当てたくて、今日もハードコアに働き続けている。

今まさに、クリエイターになろうとしている、まだ何者でもない君へ。

何者かになりたいのならば、何よりもまず孤独と向き合うことが必要だ。

たった独り、孤独のなかで牙を研ぎ続けることが、何よりも君を成長させてくれる。
いつか、その牙の鋭さが世のなかにバレる日がくる。
それが君の人生の新たな始まりだ。

だからそれまで馴《な》れ合いを恐れ、孤独を愛せよ。
きっと孤独は、君を大人にしてくれるから。

「君たちは何者だ？」

今、君がそう問われたら、自信満々でこう答えてくれ。
僕たちはクリエイター、
誰かの世界を変えるきっかけを生み出すヤバイ奴らだって。

再生を止めて、録画を始めよう。
君の人生すべてがコンテンツだ。

主演　**Leading Actor**

明石ガクト　Gakuto Akashi

監督　**Directed by**

明石ガクト　Gakuto Akashi

脚本　**Screenplay**

田邉愛理　Airi Tanabe

編集　**Edited by**

大澤桃乃　Momono Osawa

視覚効果　**Visual Effects**

三森健太(JUNGLE)　Kenta Mimori(JUNGLE)

株式会社RUHIA　RUHIA Corp.

製作　**Production**

SBクリエイティブ株式会社　SB Creative Corp.

Special Thanks――あとがきにかえて

あれは2022年の夏のことだった。

「正直、TikTokにちゃんと対応した『動画3・0』を書きたい」

そんな僕のツイートを見て、反応してきた若い編集者がいる。大澤桃乃だ。

新卒でネット広告を主に扱う代理店に入ったけれど、どうしても本が作りたくて転職した。まだ自分が担当で本を作ったことはない。

彼女はそう言いながら、みっちり字が詰まった分厚い企画書を持ってきてくれた。

人はなぜ、創作というものにモチベーションを感じるのか。

わざわざ本を作らなくても、わざわざ動画を作らなくても、今の時代いくらでも稼ぐ手段はある。

今の時代に限らずとも、クリエイティブ業界というものは、いつだってそういう扱いだったかもしれない。

彼女には、いろいろな仕事の選択肢があったかもしれないが、それでも本を作るという道を選んだ確固たる理由があって、それは誰にも踏み込めない彼女だけの聖域なのだ。

創作に関わる仕事をしている人々は、誰もがそんな聖域を心に宿している。

僕もまた、そうだったように。

認めよう。

「ちょっと誰か連絡くれればラッキー」くらいの軽い気持ちでのツイートだった。

僕のなかに、かつて存在していたはずの熱い想いは、コロナショックとともに朽ち果てていた。なぜなら、マジで大変だったから。会社と社員を守ることに精一杯で、そこからの延長線にある日々の仕事に忙殺されていた。

そして、40歳の誕生日直前のおじさんになっていた僕には、とてもじゃないけど起業当時の溢れんばかりのエネルギーは残っていなかった。

僕の友人であり、『動画2・0』の編集者でもある箕輪厚介氏は、こういった主旨のことを語っている。

「数十万部という小さな本のマーケットで、ヒットというのは〝たった1人の熱狂〟からしか生まれ得ないものであって、誰かが圧倒的な当事者として、溢れんばかりの力をふり絞って作っていないと熱が生まれず、仲間も巻き込めず、結果として世間を騒がすことはできない」

熱狂。

もし熱狂というものに再現性があるならば、それは「初めて」に宿るのではないだろうか。僕の熱狂は『動画2・0』で使い果たしてしまったかもしれない。

だけど、彼女の「初めて」に宿る熱狂の火種を借りれば、僕の心にもう一度、炎が燃え上がるかもしれない。そうやって4年ぶりの本作りが始まった。

しかし現実問題として、事業が成長した今では、以前のようにすべての執筆を自分で行うことは難しいだろう。ブックライターの力を借りることはマストだった。

大澤桃乃は言う。

「例えば、○○さんや△△さんはどうですか？」

いわゆるビジネス本の業界で著名な、ブックライターの名前が並んだ。実績はたくさんあるし、関わった本は安定して売れ、評価されている。

だけど、そういうことでいいんだろうか？　果たして、そこに熱狂はあるのだろうか？
逡巡《しゅんじゅん》しながらデスクに戻ると、インタビュー原稿の確認依頼がきている。ああ、そういえば先日Zoomでインタビューされたっけな。こういったインタビューの書き起こし記事で、僕が一発でOKを出したことは一度もない。ニュアンスだったり、論理構成がいつもどこか微妙に異なっている。ああ、今日も赤入れを頑張らないと。

椅子に座り直しながら原稿のファイルを開く。読み込む。気がついたらスルスルと最後までスクロールしていた。初めてのことだった。先方に「この原稿を担当しているライターさんのお名前を教えていただけませんか？」と相談する。

こうして出会ったのが、この本の大部分を執筆してくれた田邉愛理である。

このご時世らしく、まずはZoomでご挨拶。

率直に「今度、本を出版するかもしれないので執筆を相談したい」と伝えると、彼女は「今まで、ネットの記事しか書いたことがないのですが……私で大丈夫でしょうか？」との返答。

ここまで読んでくれた君なら僕が次に何を言うかは想像がつくだろう。

「むしろ、その方がいいです！」

初めて本を作る編集者と、初めて紙の本を執筆するライター。

彼女たちの熱狂の力を借りて、この本はなんと約12万字にもおよぶ超大作となった。

各Ｃｈａｐｔｅｒのコンセプトとなる冒頭の文章を僕が書き、それをもとに彼女たちが取材用の質問を用意。３時間におよぶ長丁場の取材を3回繰り返して、この本の原型はできあがった。

その取材期間中に、僕はギックリ腰を発症。整体にこれほど課金したのは、人生で初めてだった。


この本は決して、僕一人の力では形にならなかった。大澤桃乃と田邉愛理の熱狂が、僕をまたチャレンジャーにしてくれたからこそ、今、君が持っているこの本は存在するんだ。

本当にありがとう。２人の未来に、再び大きな熱狂が待っていますように。


あの夏、何度も読み込んでボロボロになった『動画２・０』を持って、僕に声をかけてくれた君のような若者にまた出会うために。

そんな若者たちが、動画でこの世界をちょっと驚かせる未来を見届けるために。

今、自分が持てる知識と矜持《きょうじ》のすべてを惜しみなく曝け出し、こうやって本にすること。

それは、クリエイターになる若者を一人でも多く増やしたいという、身勝手な祈りのようなものなのかもしれない。

誰でも、悩みなく生きることは難しい。
だけど、自由に生きることはできる。
自由には責任が伴う。
それゆえに、頑張って、頑張って、頑張り抜いたら、自由を勝ち取れる。

だから今日も、新しい何かに挑戦しよう。
そうすれば、君の想像力の泉はきっと湧き出てくるはずだ。
本書が、君の未来への旅路を優しく護《まも》る、衣になってくれることを切に祈る。

この本は学生時代、映像制作に取り憑《つ》かれ、
YouTubeに出合ってインターネットの可能性を知り、
20代をつまんねぇ仕事で意識低く生きて、
30歳になってから本当にやりたかったことに挑戦し、
40代を迎え燃え尽きかけた男の、
ほぼすべてが入っている。

最後まで読んでくれてありがとう。だからこそ言うぜ。
さあ、今すぐこの本を投げ捨てろ。
君が次に見るべきものは、レンズの向こう側にある。

2023年2月

明石ガクト

著者略歴

明石ガクト（あかし・がくと）

2014年6月に新しい動画表現を追求するべくONE MEDIAを創業。これまで1,000人以上のクリエイターとともに、YouTubeやTikTokなどSNSプラットフォーム向けのコンテンツをプロデュースしている。2018年に、自身初となる著書『動画2.0 VISUAL STORYTELLING』を上梓。YouTube Works Awards Japan 2022においてはクリエイターコラボレーション部門代表審査員を務める。

Twitter:@gakuto_akashi

動《どう》画《が》大《たい》全《ぜん》

「SNSの熱狂《ねっきょう》がビジネスの成果《せいか》を生《う》む」ショート動画時代《どうがじだい》のマーケティング100の鉄則《てっそく》

2023年3月31日　初版第1刷発行

著　者　明石《あかし》ガクト

発行者　小川 淳

発行所　SBクリエイティブ株式会社

〒106-0032　東京都港区六本木2-4-5

電話：03-5549-1201（営業部）

編集協力　田邉愛理

装　丁　三森健太（JUNGLE）

ＤＴＰ　株式会社RUHIA

校　正　有限会社あかえんぴつ

印刷・製本　三松堂株式会社

編集担当　大澤桃乃（SBクリエイティブ）

本書をお読みになったご意見・ご感想を

下記URL、または左記QRコードよりお寄せください。

https://isbn2.sbcr.jp/18575/

落丁本、乱丁本は小社営業部にてお取り替えいたします。定価はカバーに記載されております。本書の内容に関するご質問等は、小社学芸書籍編集部まで必ず書面にてご連絡いただきますようお願いいたします。

ISBN 978-4-8156-1857-5